もっと
良い方法は
ないか。

株式会社ネストロジスティクス
代表取締役会長
迫 慎二
SHINJI SAKO

CROSSMEDIA PUBLISHING

はじめに

「もっと良い方法はないか。」

「私たちは世の中の役に立つ会社になる。」

平成から令和への激動の時代となり、世の中の急速な変化を見る中で、経営者として、私はこのことを考えない日はありません。

エネルギーが変わり、技術が進化し、新しい道具が発明され、お店の形態も変わり、ショッピングも変わり、さらに急速にアナログからデジタルに、情報は瞬時に広域に伝わり、お金の在り方も変わり、物流も変わる。

そんな中で、私たちが世の中の役に立ち続けるためには何を提供すれば良いのだろう。世の中の役に立たないことをやっていても存続はできないだろう！　と痛烈に感じているのです。

私が身を置く、この物流という仕事はとてもシンプルな仕事で、物を運んでお金をいただく。これを日々、続けることで事業が回っていく、とまあ、昔はそうでした。

しかし、そんなに簡単で、単純であるはずもなく、振り返れば苦難の連続でした。今までも、そしてこれからも私の経営者人生は、決して順風満帆ではありません。人生とはそんなものかもしれませんが、私の場合はその振れ幅が大きいような気がいたします。

短大を中退した19歳の私は両親が経営する小さな運送会社に入社し、一番古いトラックをピカピカに磨いて、広島じゅうを駆け巡るところから始まりました。当時の社員は私を含めて9名、年商1億にも届かない零細企業でした。

20歳頃の私は、当時、多くのトラックドライバーが憧れたであろう、菅原文太さんが主演した映画『トラック野郎』で描かれたようなデコトラに没頭し、義理と人情に翻弄されながら仕事をこなす日々でありました。楽しく良い時代でもありました。

そんな私も、ある出来事から経営者を自覚し、また病気や海難事故をきっかけに、仕事に対する考え方、人生に対する考え方が大きく変わりました。その出来事については、のちのち本書でもお話させていただきますが、一番大きな変化はどんなに小さな一つの可能性にでも「もっと良い方法はないか。」と考えるようになったことです。今では私の座右の銘となった二宮尊徳の「積小為大《せきしょういだい》」を身に沁みて実践するようになりました。

「小さな事を毎日コツコツと確実に積み重ねていけば、1年、2年の間に大きな成果を得られている」ということです。

病気や事故で長期入院をすることになってから復活への過程で、一足飛びでは完治しない、元には戻れないということを体験し「積小為大」を痛感したのです。

そして経営でも「現状の業績や環境に満足することなく、常に世の中や社会の動きを察知し、どうしたらお客様に喜ばれ、世の中の役に立つことができるのか」を意識して取り組んできました。「報徳仕法」、二宮尊徳が財政再建のために行った施策ですが、この考え方を信条として、儲けるために経営をするのではなく、社会に奉仕することによって企業を存続させる。そして世の中の役に立つことを提供し続けることが企業の使命と定義して、そんな組織を作るために人財育成に取り組み、そこに道徳が重要であることに気づきました。

本書は、これまで私を支えてくれた家族、様々にご指導いただいた諸先輩方、親愛なる社員や仲間たち、そうした人たちへの感謝を込めて綴りました。特に妻の幸子には感謝の気持ちを伝えたいと思います。ありがとうございました。そしてこれからもよろしくお願いいたします。

そして、これからのネストロジスティクスは、どんな会社になっていくのか？　どんな人たちに集まってほしいか？　こうしたことを、この場を借りて率直にお話ししたいと思います。

そうすることで、『ちょっと違う運送屋』として業界の片隅でキラッと光り続けたい。

本書には、そんな私の〝想い〟を込めたいと思います。

目次

第2章 ちょっと違う運送屋を目指して

第3章 ネストと私の航海 ～世の中の役に立つことを目指して～

第4章 自分たちが主役。ネストの人財づくり

第5章 世の中の役に立つ。ただ、それだけを考える企業として

第 1 章

物流・運輸業界への私の想い

夢と志のある企業に成長するために

ちょうど本書の執筆とあわせるように、当社は2021年7月1日に新社長が就任しました。私は、今後も会長として、この若き新社長が掲げた「20年後、1000億円企業へ　そしてみんなが幸せになる会社」というビジョンの達成を応援し、時には経営判断の一翼を担うつもりでもおります。

この数年間、私は、会社の将来のことを考えて悩んでいました。様々に悩み考えた結果、「上場する！　ということが一番理想だな」と結論づけました。この考えはすでに社内で決定事項として公表していて、私がちょうど65歳になる前後に上場を果たしたいと考えています。上場と言いますと、市場から資金調達を行い、そのお金で事業拡大をしていくというのが一般的な考え方で、私もそれを否定はしませんが、私にとっての上場の主たる目的は、事業の継続、承継、そして成長にあります。

現在、株式会社ネストロジスティクス（以下、ネストとします）の株式は、100％私が保有しています。いわゆる私ひとりのオーナー会社ということになります。万が一、私の身に何かあれば、会社が立ち行かなくなってしまうということが、現実に起こりうるわけです。そうなった場合、一番困るのは従業員ですし、取引先にも多大な迷惑をかけてしまいます。そうならないためにはどうすれば良いか？　ということに数年間悩んでいたわけです。会社を私の私有物から解き放っておいたほうがいいということですが、その手段として上場を選択したのです。

もちろん、上場すれば不特定多数の株主が増え、経営上、意思決定の内容・スピードに支障が出てくるかもしれませんが、今は、そのようなネガティブなことは考えず、上場した場合のメリット（事業継続、承継）にフォーカスし、それを活かして成長に繋げていくことを考えていけばいいというのが、今の私の所信でもあります。

共に育つ「会社と人財」の成長が企業の両輪

やはり、上場ということを口に出してしまうと、そのためだけに事業を展開していくという誤ったメッセージを社内外に発してしまう恐れがあります。それは、まったく本意ではなく、二宮尊徳の報徳仕法の教えに背くことにもなりかねない。私はあくまでも世の中の役に立つ事業を継続させていくために上場する、と決めています。

しかし、実際に上場すると決めた以上、その準備を頭に入れていかなければなりませんし、業績もそれにふさわしいものに寄せていく必要があります。企業で働く者にとってもその企業が上場に向かって成長していけば、仕事に対するモチベーションが上がり、人間としても成長していきます。人財の獲得、育成にもいい影響がでてくるでしょう。

せっかく人財が成長しているのに、企業の成長が止まってしまっては、〝企業における人財の成長がいかに大事か〟、を伝えにくくなってしまいます。社員にとっても、せっかく長く勤めていても、成長の止まった先輩たちがボトルネックになって、自分の成長や活躍する場所を見失ってしまう。これでは、いずれ自分自身もボトルネックとなってしまい、辞めていく原因にもなります。こうしたことが鬱積した社員が増えていけば、組織は空中分解してしまいます。これはもっとも悪いパターンです。

そんなことを考えてみると、企業は成長し続けなければならない。人財と共に企業も成長しなければならないという結論につながるのです。

私の座右の銘である「積小為大」という言葉。14年前、海難事故で下半身不随となる大怪我から、復活するためにリハビリをしている時に頭に染み付いた、この言葉。「大事を成さんと欲せば、小なる事を怠らず務むべし」という二宮尊徳の教え。企業経営もウサギとカメの話ではありませんが、ゆっくりでも着実に前進していく。少しずつでもいいから成長していく。それにつれて人財も育ち、彼らが一線で活躍できる〝場〟ができあがっていく。そのために全国に営業所を作り、人財育成の成果を測る「世の中の役に立つ企業」を実践し続ける。そしてその継続の先にあるのが今から8

年後、つまり私が65歳を迎える頃に予定している「上場」なのです。８年後という期限にこだわっているわけではありませんが、この８年間でコツコツと人財育成と経営活動をやり続ければ上場という大きな成果を得られるはずです。

ネストは今、どこにいるのか

さて、上場の話はこれくらいにして、ネストって会社、物流の世界でどのへんにいるのだろうか？　全国約2万7０００社中５００位、広島県内約７００社中14位。これはある民間調査会社の２０２1年4月時点のデータです。感覚としては物流会社の数はもう少し多いのではないかなと思うので信憑性はわかりませんが、売上順位では全国で５００番目くらいということでしょう。どのへんの立ち位置にいるか？　この問題は、どの目線、どの視野をもって見るかで、いろいろと違いがありますが、ひとつ大きな視点で見てみると、物流は、長い歴史の中でモノを運ぶ、情報を伝達するなどの役割を絶えず担ってきました。

現在のロジスティクスとは物流の一連の流れを最適化し、いろいろな工程を一元化して管理する戦略のことです。もっとわかりやすく言えば、無駄をなくして素早く届けられる仕組みを考えること、になります。

そもそもlogistics／ロジスティクスとは軍事用語で「兵站《へいたん》」といって、武器や食糧などの軍事物資をどうやって前線に届けるか？　補充するか？　という戦略的な意味を持っていました。戦時下ではロジスティクスが優れていれば優位に立てたのです。逆にロジスティクスが劣っていれば、どんなに最新の武器や鍛え抜かれた軍隊がいても弾丸や食糧を届けることができず、負けてしまうのです。

転じて、「ロジスティクスを制するものが世の中を制する」とは古今東西どこにおいても通じる意味を持っていると言えます。戦争と技術革新、戦争とロジスティクス、歴史を顧みると、様々な産業革命の背景には戦争というものが大きく影響していることがわかります。

そして現在、技術革新は急速に進み、自動運転や物流ロボット、ＡＩなど、一人の人間が考える数倍もの量を瞬時に処理し、配車や倉庫作業、安全運転なども機械が行う時代が目前に迫ってきています。戦時中とは意味が異なりますが、やはり産業の中でロジスティクスはますます重要視されています。ここ数年は新聞でロジスティクスや物流の文字を見ない日はほとんどありません。また様々な産業からロジスティクスへの参入が続いています。

　メーカー主導の共同物流、バスや鉄道の貨客混載、UberEATSや出前館による雑貨配達、コンビニやスーパーの配達便、製造物流小売業というビジ

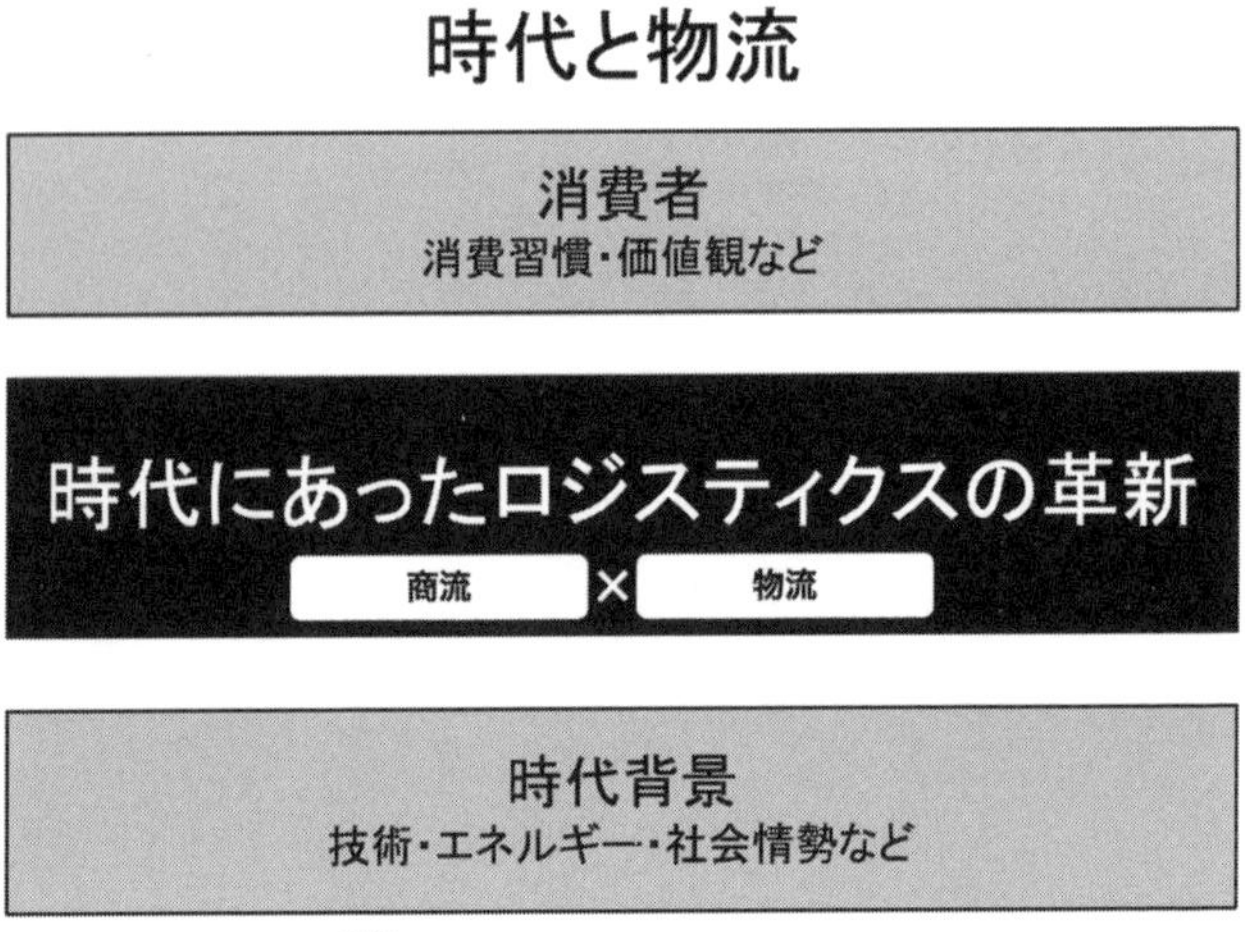

時代背景とイノベーションの関係

ネスモデルなど、挙げきれないほどにたくさんあります。

つまり、物流業界に垣根はなくなった、ということです。だから物流業界でどれくらいの順位なのか？　どれくらいの立ち位置なのか？　などはあまり関係がなく、社会のどの分野でどのように役に立っていくのか⁉　という考え方が重要なのです。

今回の新体制スタートにあたり、新社長から表明されたビジョン「大胆でスピーディーな商品開発と繰り返しのチャレンジ」「他社に負けない基盤事業にするためにITなどのデジタルを積極的に活用」「時代の変化にあわせた組織強化をしていくための、学び続ける組織づくり」、これを一つひとつ着実に成し遂げていくことが、ネストの社員と取引先、そしてお客様へお約束する企業使命であります、と力強く発表されました。私は、なかなかよく勉強しているなと感心しました。入社から26年が過ぎ、ネスト流の面倒くさい人財ができあがったのですね。

▽ 流通革命は物流革命

流通というと、その中身は商流と物流に分けられます。物流は、商流によって取引が成立したモノを運ぶ仕事で、たしかにそうなのですが、単にモノを運んでいればいい、という考えでは、もう会社は成長しないと思います。

世の中、〜革命という言い方が好まれますが、実のところ太古のローマ時代から「流通革命」が存在していたそうです。そうした歴史の中でも、その大半はつまるところ、流通の中の物流の革命が多かった。ですから当然、時代を問わず、その物流革命についていけないところは淘汰されても仕方がない、ということになってしまいます。それは大昔も今も変わらない事実だと思うのです。

バブル経済が華やかな頃から崩壊後の、前項でもお話ししたように、この30年余り物流は注目され、〝ロジスティクスを制するものは経済を制する〟とまで言われ始めてきました。しかし依然として、労働環境は厳しく、現場の状況は３Ｋの代名詞のように語られることがしばしばです。もちろん、そんな会社ばかりではなく、ネストも含めて職場環境や労働環境は数段改善されています。特に私が残念に感じるのは、業界内で「我々、物流事業者は他業種と比較して2割長い時間働いて、2割安い賃金しか受け取れない」と公言されていること。この論法で値上げや労働環境の改善を訴えて、人手不足の窮状を訴えていること。こんな自虐的なことを発信し続けていると、ますます私たちの業界から働く人が減少していくではないですか。

ならばネストは、独自でやるしかない。固定観念にとらわれずに、「ネストのような、こういう物流会社もあるのだ！」ということをやっていこうと決めました。

それが、これからネストが目指すイノベーションでもあるし、ネストが生き残り、さらに成長していくための唯一の道だと、自分や幹部に日々、言い聞かせています。

イノベーションの原点は自分自身にある

ネストが目指すイノベーションとはなにか？　ずいぶん大きく出たな……と思われ

るかもしれませんが、私たちは、イノベーションなくして世の中で生き残っていくことはできない、と考えています。とにかく変化が激しい社会のなかで、私たち一人ひとりが、イノベーターとして仕事に取り組んでいくこと。それが結果として、企業の存続、成長、繁栄に繋がっていきます。

さて、イノベーションというと、モノや仕組み、サービス、組織、ビジネスモデルなどに新たな考え方や技術を採り入れ、新しい価値を生み出し、社会にインパクトのある革新や刷新、そして変革をもたらすものである……と、されていますが、私はあまり難しく考えない方が良いと思うのです。「もっと良い方法はないか?」を考えているといると自然にイノベーションはできあがるのではないか。過去のイノベーションもそうした意識と研究、探究心や向上心によって生まれたものだと思うのです。

うん、なるほど、理屈はなんだかわかりそうだけど、じゃあ実際、何をやるんだ⁉ということになるのですが、あくまでもネストの現状、立ち位置のなかで知恵を絞る、新しい機械装置を使ってみる、研究するなど。これらの課題をネスト流にかみ砕いて、一つひとつ解決して前に進んでいく、これしかない。と思っています。

このイノベーションということを考えながら、話を少し前に戻しますが、私たちの置かれている職場の環境は、必ずしも良いと言われるようなものではありませんでした。ありませんでしたと、過去形にしたのは、私の頭の中では、すでにネストはこの環境の中でとどまることをやめ、走りはじめているからです。

かつて、そして今でも、「お前たちはモノを運んでいればいい」という考え方が支配的で、社会的な地位は低いな！　と感じてきました。原料としてのモノを運び、完成品として世の中に流し、消費者にお届けする。こうした一連の流れの中で、そのはざま、はざまに物流は存在し、社会の大動脈として機能してきました。それなのに私たちの生業に対して、現在でも「馬車引き」とか「雲助」などと差別的な言い方がされているのはとても残念なことですが、それは私たちの側にも責任があるのではないかと思います。

これは、やはり自分たちの問題ではないか？　私はそう考えるようになりました。単なる運び屋でいい――。運び屋としての仕事は絶えることはない。どんな社会になっても物流は必要だ。と考えるのは間違いです。私も若い頃はどんな状況でも「時間厳守」を優先し、睡眠時間も休憩時間も削って、時には命懸けで荷物を届けてきました。それが私たちのプライドだったのです。しかし今こうして振り返ってみると劣悪で野蛮で違法でもあり、自分たちで自分たちの労働環境を最低にしていました。自分たちが社会的地位を低下させていたのです。現在の物流業界は「運輸安全マネジメント」にはじまり、「コンプライアンス」「働き方改革」などに取り組みはじめたおかげで、環境は数段改善されました。ネストでも急速に労働時間は短縮され、本社では定時になったら誰もいなくなるくらいです。数年前までは考えられないことが目の前で起こっています。

私は、もっと良い方法はないか？　もっと良い働き方はないか？　もっと良い労働環境はないか？　を追求するということを決意しています。そしてこれは、やればできることも社内で実証されました。

現状に満足せず「さらにもっと良い方法はないか」を考える。それが私たちネスト流のイノベーションです。

いままでの固定観念を捨てる

私たちの業界に限らず、いろいろなところで人手不足が起きていると言われ続けています。この話題に接するたびに正直、またこの話題か、と気持ちが引いてしまうこともあります。もちろん厳しい運送業界の現場環境は未だにあり、また若年層のクルマ離れや免許取得率の低下もあり、ドライバー不足は当社にとっても看過できない問題であることは否定しません。ドライバーの中には少しでもいい条件を求めて渡り鳥のように生きる人もいれば、会社間でドライバーの引き抜きが起きているということもよく耳にします。しかし、私はこういうことはやりたくないと思っています。この考え方は求人や採用などにも反映させています。同業他社からの転職者はあまり好みません。むしろ異業種からの転職者を好みます。

新卒採用に関しても、業界の中では〝ちょっと違う運送屋〟を貫いています。ネストでは、大卒を中心にした採用活動を長年続けています。私の個人的な見方かもしれませんが、物流業界の主流は、高卒採用です。高校には求人票を出しても、大学や短大には求人票を出さないところが多いと感じています。高学歴の人材を採っても、働かせる場所がないということなのかもしれません。ドライバーに高学歴は必要ない、こうした岩盤のような硬い固定観念がこの業界にはあります。でも私は、これでは前に進んでいけないと考えています。業界自体の意識改革が必要なのです。

適材適所、という言葉があるように、ネストが前に進むためには、適材が活きるような適所を作っていく。そして、「共に育つ」とは、これによって、ネストのイノベーションに必要なヒトと組織が成長し続けなければならないということです。「ネストだけで、いくら頑張ったところで何も変わらないよ」。そう言われるかもしれませんが、そう言われて何もしなければ、何も変わらない。低い確率でも可能性があればそれを選択し、もっと良い方法を考えながら前に進んでいく。これがネスト流のやり方です。

私は、〝ドライバーは走ってなんぼ〟という考え方は、もう流行らないと思っていますし、こう考えるドライバーもそのうちいなくなってしまうと考えています。ちょっと話が飛躍するかもしれませんが、業界のイノベーションは、もうかなり進んでいます。特に、その目を世界に向けると、ヨーロッパでは自動運転が現実のものになろうとしている事実があります。もし、トラックが自動運転で走るようになったら、走ってなんぼ、と考えるドライバーは、どうしても必要なくなってしまう日が来ると、想像せざるを得ないわけです。機械を使って効率的にモノを動かしてくれて、安全運転に徹してくれるような初心者やペーパードライバーのほうが、会社にとってはありがたいということになってくるわけです。

「まだまだ、そんなの先の話だよ」と考えていると、あっという間です。2025年には欧米で、2030年には日本でも自動運転になります。もうたった数年先の話ですよ。それくらい、今の社会の変化のスピードは速い。私たちが想像している以上に、足下の日本においてですらも、イノベーションははじまっています。もちろん、それは先述の通り、物流の世界でも――。

そうした環境のなかで、いかにネストがこの波に乗っていけるか？　私たち自身が固定観念を捨てなければ、それは不可能だと思っています。

▽ インダストリー4・0に挑戦する

数年前、私は経営幹部たちとドイツへ視察に行きました。そこでは日本にいては接することのできない光景を、様々な場所で目にしてきました。

例えば、お土産屋さんで買い物をしてレジで会計を済ませる時、二人いたレジスタッフのうち退勤時間になった一人のスタッフが、私たちのレジ作業を途中で放棄してさっさと帰ってしまいました。日本ではちょっと考えられない光景ですよね。正直驚きましたが、時短先進国でインダストリー4・0の進むドイツでは「残業する人はNG」なのです。年間のカレンダー上の休日日数は、日本よりドイツの方が約1ヶ月分も多いわけですから、当然労働時間に対する意識も、労働生産性にも違いが出てきて当然です。そして彼らは、休む時は長期休暇を取ってバカンスに出かけ、徹底的に休むわけです。ドイツと日本の働き方は全然違うのです。

働き方改革を実行していくなら、いずれ日本もドイツのようなカタチに寄せていくことになるでしょうから、その分私たちはできるものから機械化をしていかなくてはなりませんし、社員たちの働く仕組みも給与体系も変えていかなくてはなりません。つまり、これまでのやり方を捨てた、イノベーションが必要だということです。

ネストでも、このドイツで見て学んだことから労働時間短縮に取り組みました。例えば従来の間口が狭く1台ずつしか接車できなかった倉庫から、間口も広く一度に何台ものトラックが接車できる倉庫に移転したことによって、ほとんどすべての車両が定刻までに戻り、社員が定時に帰れるようになりました。もちろん賃料をはじめとするコストも高騰するわけですが、倉庫作業の人件費やドライバーなどの残業時間を考えるとむしろコストは下がり、収益率は向上しました。

このように多少のコストがかかっても、仕事の工程数を減らして効率を上げていく。そのために必要な箇所にフォーカスして一点集中でどんどん改善し、投資もしていく。スピードは遅くても、コツコツと積み上げていきます。そして、様々なサービスをお客様に提供する中で、会社に収益が残り、他の分野への再投資ができる。イノベーションの成果はあらゆるところに、思いがけず出現するのです。面白いですよね。

実は、物流には、考えれば考えるほどこうした楽しさや面白さがあるのです。でも固定観念や変化を嫌ってイノベーションしないのはあまりにもったいない。楽しく仕事をする材料が、私たちの仕事にはたくさん転がっているんです。だからこそ、〝もっと良い方法はないか。〟日々、こんなふうに考え続けているのが、私たちネストなのです。

▽ 入口は地味でもコツコツやって、出口はダイナミックに

でっかい倉庫や流通センターを作ったり、でっかいトラックを走らせたりと、見た目にはダイナミックなことをやっている私たちですが、そのために日々積み重ねていることは、意外と地味なことの繰り返しです。スピードは遅くても真面目にコツコツと

前へと進んでいく。これは私の信条ですが、こんな例をお話ししましょう。

数年前、取締役の一人から、「倉庫にパレットを運ぶロボットを入れたい」という提案がありました。そこで「入れるのはいいけど、いくらかかるんだ」と聞くと、3500万円かかると。しかしそれでリフトマンが最低でも5人削減できる、というのです。一人当たりの人件費を300万円として5人ですから1500万円、それが最低でも5人ですから、場合によっては7人、いや10人ということもあるでしょう。そうすれば、3500万円という必ずしも安くない投資は、2~3年で元が取れるというわけです。

リフトマンは、「自分がフォークリフトで運んだほうが速いですよ」と言いますが、それは1パレット運ぶことに関してはその方が速いかもしれません。ですが毎日、全部で何百パレットという数を運ぶとなれば、機械（ロボット）の方が断然速いわけです。いくらリフトマンが頑張ります！　と言ったところで、実際には勝てません。これはすごく地味な話ですが、ちりも積もれば何とやらで、この地味なことの繰り返しが収益として会社に戻ってくるわけです。1個1個、どうやってピッキングしようか、収めようか、数十メーターの隙間にどうやって積み込もうか？　機械化の一方で、こうした一つひとつの地味な作業を積み重ねていくわけです。こうした表に出ないような仕事は、機械化の一方で、人が考え進めていかなければならない作業として、ネストの今後に繋がる大切なことです。

▽イノベーションはすでに起こっている

流通業界には、〝川上から川下へ〟という言葉があります。この言葉の意味するところに、ネストがサービス業として生き残り、成長していくためのキーワードがあると思っています。

似た話に、水汲みの話があります。山の上からおいしい水を運んでそれを糧としている人（水汲み）がいるとします。せっせと毎日苦労して水を運んでいくらかのお金を稼いでいるわけですが、いつの間にか水道管ができてしまい、山からの水が容易にそれも安価で手に入るようになると、どうでしょう。この水汲みの仕事はアッという間になくなってしまうわけです。この話と同じようなことが、実際に流通業界に起きたら、どうなるでしょうか?

モノを運んでいるだけでいいのだ、などと言っていれば瞬く間に仕事がなくなってしまいます。これがイノベーションです。こんなことは例え話でもなく、もう実際に起きていることでもあるのです。私はその動きを感じとりながら、ずっとずっと危機感を覚えていました。

近年、製造業や卸売業をはじめとした異業種から物流業に参入する流れがあります。ここでは便宜的に、小売業なども川上としましょう。これに対して消費者に近い仕事を川下とすると、川上の仕事をしていた業種の会社が川下の仕事まで手を広げようとしてきます。製造物流小売業という業態をビジネスモデルにしている大手企業もあります。ネストの主力取引先様ですが、もうそこには川上や川下といった棲み分けはありません。物流とはそうした流れの「はざま」の中にいるわけですから、気がついたら小売業が消費者物流の担い手になっていた、なんてことが日常的に起こるわけです。いえ、もう実際に起こっています。資金力を持つ大手小売店、製造業の中には自前で運送会社を持ったり、独自に運送会社と提携し、商品やサービスの付加価値を加えているところもあります。

この流れの中にあって、ネストはサービス業としての視点で、お客様にどのようなサービスを提供すればいいか、そこからいかにして収益を上げていくか、ここを考えていく必要があるわけです。我々も物流にこだわらず運ぶものを自分で作る、運ぶものを自分で売る、ということを、真面目に考えていかなければなりません。もしかしたら、物流が小売に代わっている、なんてことが近い将来、起こりうるかもしれません。我々ネストも物流から小売までやる、製造から物流までやる、ということが近い将来、十分あり得ることだと思います。

流通の中にあって、はざま、はざまに物流は存在するとお伝えしてきましたが、だからこそ、できる仕事も存在するというのが私の持論です。この状況をどう捉え、何を提供するかによって、物流コストの削減、手間の削減、作業工程の削減などのイノベーションができるわけです。この流れは、流通革命などと言われることもありますが、考えてみれば「もっと良い方法はないか。」と追求した先にあるものだと思うのです。それこそ積小為大の精神でコツコツと取り組んでチャレンジしていく、この姿勢を貫きたい。これが企業経営に懸ける、私の強い想いに他なりません。

試行錯誤しながらとにかく前へ

こうした様々な可能性がある物流業界ですが、異業種からの参入も含め、業界全体が変わりつつあることを実感しています。しかし、これは私のように物流業界内部の人間の気持ちで、残念ながら大学生を中心にした学生さんたちには、まだまだ物流業界のことは理解されていない現状があるように感じています。当社でも数百名の大学生さんを対象にアンケートを取ったことがありますが、9割以上の学生さんは、物流業界に対しての職業観は持ち合わせていませんでした。

じゃあ私たちは学生さんたちに、自分たちが働く場としての認識をいかに持ってもらえばよいか？　そのためにネストの中に、自分たちが働く価値を見出してもらう、という工夫をしていかなければならない、と考えました。要するに、学生さんたちにとって、ネストをもっと身近な存在にしてもらおうというわけです。これも難しいことですが、でもやり続けることで、少しでも変わっていけばいい、そう考えています。具体的に言えばネスト祭りなんていうものを毎年やっています。毎年、5月に行う会社を挙げた催事ですが、新型コロナウィルスの感染拡大で2020年は中止、2021年は、いま本書を書いている段階では延期が決まってしまいました。

2019年のネスト祭り　盛り上がりました！

　このネスト祭りですが、約20年前に今の本社のある広島市東区の住宅地域に本社を移転した時に、地域住民の皆さんへのご挨拶と感謝の気持ちを伝える場として始めたものです。ですから最初は一回限りのイベントのつもりでした。しかし、閉会の挨拶をしていると「楽しかったから毎年やってくれ」と会場から声があがり、「え～？　来年もですか……」とつい調子に乗って「では来年もやります」と言ってしまったものだから、最近では「今年のネスト祭りはいつやるんだ」とか「こんな企画で出展したい」などの問い合わせや、開催の催促をされることも恒例になりました。こんな小さな物流会社が幸せなことです。ありがたいことです。これもネスト祭り＝ネストロジスティクスという会社をよく知っていただいていることの証でもありますし、社員たちも社内の恒例行事として楽しんで取り組んでくれています。そして何よりも入社2年目くらい社員が毎年実行委員長となり、数百人にもなる関係者との調整や企画運営をこなし、自信を持って成長してくれる。それが一番の成果なのかもしれません。また、地域住民や噂を聞いて来てくれる若い方や学生さんたちに、ネストという会社を見てもらう絶好の機会・宣伝にもなっていて、もはや欠かすことのできないものと思っています。

ちなみに、昨年と今年はネスト花火として本社のある地元の森林公園で花火を数百発打ち上げました。こちらもネストにインターンシップに来ている学生さんたちが、花火の模様をライブ配信してくれ、地域住民の方々から多くの感謝のメールやお手紙をいただきました。このネスト花火も今後の夏の風物詩となるよう続けていきたいと思います。

このほかにも、恒例行事として毎年、年の瀬にはネスト餅つき大会を開催し、150キロもの餅米を複数の杵と臼でついて振る舞います。社員が中心となり、おもてなしの気持ちで牡蠣やたこ焼き、豚汁などを振る舞い、地域住民や取引先が多数来場されます。夏には納涼会をやり、秋にはひろしまフードフェスティバルにたこ焼き屋を出店して一番の売上をあげたり、地元の小学校で毎年春に交通安全教室を開催したり、定期的にある交通安全キャンペーンなどもネストの社員が自主的に旗を持って安全誘導しています。

ただ、こうしたイベントも365日やっているわけではなく、本業の仕事というのは、先ほどからお話ししているように地味なものです。

これらのイベントもネストという会社は、運送屋ではあるけど、いろんなことをやっている会社だ、というイメージを地域の人たちをはじめ、若い人や学生さんたちに持ってもらえれば、という気持ちを込めています。

とかく若い方は、イメージというものを重要視し、一度できあがったイメージをずっと持ち続けるものです。これは職業選択についても同じではないでしょうか。ところは金融や商社、マスコミ、メーカーが就きたい職業の上位を占めていましたが、近年ではＷｅｂ、ＩＴ関係も人気のようです。そして安定志向の学生さんに依然、人気なのが公務員、となります。こうした企業が学生さんたちにとっては良いイメージ、やりたい仕事のイメージなのでしょう。

ただ私は、入社してからどんな仕事をするのか、そしてどんな仕事をやっていくのか、どんな仕事ができるのか？　ここが肝心だと考えています。

おそらく学生さんたちは、ここのところをうまくイメージするのが難しいのではないでしょうか。これはすべて学生さんたちに非があるのではなく、受け入れ側の会社、つまりネストにも非があるのだと、それくらいに考えています。

ネストはここでもイノベーションにフォーカスし、学生さんたちがやりたいと思う仕事や職種を用意していくつもりです。これも一つひとつが地味な作業、試行錯誤の中での挑戦になりますが、〝もっと良い方法はないか。〟を会社一丸で見つけていくつもりです。

第 2 章

ちょっと違う運送屋を目指して

〝役に立たない〟ことはやらないこと！

私は、父親が運送会社を経営していましたから、自分にとって運送業は身近な存在でもありました。普通科の高校に進学し、２年生の時、文系か理系かを選ぶことになり、結果的に文系を選択します。

今、思い返せば、この時自分の中には将来を見据えて自動車整備のことも学んでおきたい、という気持ちがあったもののまだ決めきれず、経済学部なども含めて大学進学のことを考えると文系がいいということになりました。いずれにせよ、この時すでに父の会社が属する運送業が、自分の選ぶ職業として明確になりつつあったのだと思えてなりません。小さい頃から、毎日朝から夜遅くまで、運送会社の経営に全力で取り組んでいた父を見ていましたから、いずれ自分もこの仕事をやるのかな……という気持ちが、いつもどこかにありました。父はトラックの整備も自分でやっていました。しかも独学で。私は悩んだ末に自動車整備士の資格を取るため、広島自動車工業短期大学に進学しました。

ところが入学してみたものの、必修科目を担当する原動機科の教授から、「これからの自動車はコンピュータに制御されるから君たちが学ぶ知識は何の役にも立たないよ」と言われました。入学早々、毎日の学校生活を面白くないと感じるようになりました。こうした経験もあって、私は「役に立たない」という意味をいろいろ考えるようになりました。

周りや世の中の役に立つこととは何なのだろうか？　役に立たないと言われないようにするためにはどうしたらいいのか？　いまネストでは、この「世の中の役に立つ、お客様の役に立つ」ということが仕事上のキーワードになっていますが、その原点はこの時の自分の気持ちに遡ることができるのだと思っています。余談ですが世の中に「役に立たない」ものはないと思います。たとえ悪人でも新型ウィルスでも、悪玉がいるから何とか対策しようと考えます。それも世の中の役に立っているのです。でもそういう役に立つやり方ではなく、私たちは本当の意味で世の中の役に立つことをやり続けたいと思います。

家業としての運送屋

結局、自動車整備を学ぶために入学した広島自動車工業短期大学（現・広島国際学院大学自動車短期大学部）でしたが、1年生の学年末試験の時、その教授とケンカしてしまって辞めることになりました。19歳の時でした。若気の至りというかこんなことがあって父の経営する上村運送有限会社（現在の株式会社ネストロジスティクス）に入社したわけで、これが私の社会人デビューとなります。

上村運送と言いましても、私の姓は迫《さこ》ですから、これにはちょっとしたいきさつがあります。もともと、上村という屋号は叔父の姓です。叔父と言っても私の叔父ではなく父の叔父になります。つまり、私の祖父の女兄弟の嫁ぎ先の姓が上村なのです。ですから私はその人をまったく知らないし、見たこともありません。その叔父が1964年に一般区域運送事業の認可を個人で取得してはじめたのが上村運送ということになります。その後、父が同社を買収し、3年後の1967年に法人化して上村運送有限会社としました。この頃のことは、私が生まれた直後のことで、詳しいいきさつは私自身も後に父から聞かされた以外のことはわからないのです。15年後の1982年に私が入社したのですが、トラックは9台、社員も9人でした。

▽厳しくても人情味のある世界

いよいよ高校に入るあたりから、私はこの業界(運送屋)に身を投じるのだと思いはじめました。高校の頃、自分がやるべき職業として明確になってきたと前述しましたが、まさにその通りになりました。ずっと父の働く姿を見て、その父が中心の家庭に育ったわけですから。

当時を振り返ると、その頃の私を取り巻く環境、といいますか家庭といったら、ほぼ毎日ケンカです。当時、家の玄関の引き戸がガラスだったのですが、そこがガラスであった日のほうが少ないくらいです。毎晩のように誰かと誰かがケンカをする。そこで父が止めに入るわけです。最後は父の大立ち回りですよ。だから寒い時期になって日本酒の美味しい季節になるのが幼い私たちはとても嫌でした。日本酒は酔いが早くタチが悪い。

当時、私の家にはいろんな人間が集まっていました。みんな仕事は頑張ってやっているのですが、ケンカっ早い人もいて、いろいろと問題を抱えた社員も多かったように記憶しています。この頃の中小、それも零細な運送屋は、どこも経営者の家が食堂のようになっていて、その周りに寮を借り上げ、飯は社長の家で食べるという感じでした。職住接近、という言い方をされることもありますが、接近というよりは混合、職住混合という言い方がふさわしいかもしれません。

四六時中、家の黒電話は鳴りっぱなし、夜中に事故やトラブルでもあれば、父や、場合によっては母も現場へすっ飛んでいく。子供の私たちはほったらかし。こんな状態でしたが、私はこの仕事が大好きでしたし、父のようになりたいなと思っていました。

今思うと、当時の上村運送は社員をわが子のように可愛がり、時には叱り飛ばし、ケンカもしていましたが、とても温かく人情味のある会社だったと思います。菅原文太さん主演の『トラック野郎』の映画にもあった、あの人情の文化です。この気持ちは、いまでも私の心を支える感情のひとつでもあります。人の心のふれあいと信頼することの大切さを私の心に染み込ませてくれました。

会社は、経営者と社員からなる大家族である、みたいなことをスローガンに掲げているところもありますが、私たちは、すでにこの頃から経営者も社員も家族だったように思います。

今のネストにおいても、この〝みんな家族〟である、という考えを大切にしたいという気持ちに変わりはありません。

「もっと良い会社にしてやる！」〜家業から企業へ〜

19歳というか20歳になる年に短大を辞めて、上村運送に入ったわけですが、父親が社長を務める会社と言っても、入社した時はもちろんペーペーからのスタートでした。

ただ、ぺーぺーの下っ端なのですが、得意先やその社員たちのこともよく知っていましたし、仕事に関するいろんなことに対しても、誰よりも詳しかったわけですから、周りから見ると〝生意気なガキ〟に映っていたでしょう。

入社して、一緒に働き始めて間もない頃のことですが、みんなある意味で得意分野を持っていることに気がつきました。それはもうみんな長くこの仕事をやっているわけですから、「俺の仕事はこれ！」、「自分のやることはこれ！」と決めているのは当たり前です。そういう社員たちに何か新しいことをやれ、と言っても、彼らはもう慣れた自分たちの仕事以外、新たにやろうという気持ちはありません。つまり、新しいことに挑む融通性も余地もありません。当然、今までのやり方で仕事を続けているわけで、もっと良い方法はないか？　なんて考えてもいません。

そんな中で私は、余りものの仕事や、みんなが嫌がる仕事を率先して取りに行き、取ってきたその仕事は全部自分でこなしました。

当時、父は「ドライバーが一人前になるには最低でも3年はかかる」と言っていました。私と同年代のドライバーが入ってきても3年も丁稚扱いをしていたらすぐ辞めてしまいます。そこで私はマニュアル化を進めて三ヶ月から半年で一人前になるような仕組みに変えていきました。

とにかく、このままでは会社はどんどん衰退していく。新たな仕事を見つけて、それをどんどん取りに行って仕事を増やしていこう、そこに自分たちの居場所、地位をつくっていこうと考えたのです。そして少しずつ若いドライバーが増えてきたのです。

当時、家具の配送をメインに扱っていたのですが、あの頃は今と違って季節による売上の変動も多く、家具の配送だけでは年間の数字が安定しませんでした。そこで飲料水などの配送もはじめましたが、飲料水は家具より重たいですし、夏の暑い日でも手作業で積み下ろしをしなければなりませんから、そんな仕事はみんなやりたがらないわけです。でもそれをやらないと、仕事がなくてヒマで仕方がない。私は率先垂範で飲料水配送の仕事を受けては自分で運びました。真夏の炎天下で一人荷下ろしをしているところへ、同世代のドライバーが応援に来てくれた時は、うれしくて涙が出たこともあります。少しずつ同世代の若い社員も増え、新しい仕事にも取り組んで、共に成長する空気が生まれていきました。

ほかにも小さな木工所の仕事をやりました。その木工所は家内工業（身内だけで細々とやっている会社）で、自宅と工場が同じ住所にありました。その木工所の社長さんから「昼間は製造作業で忙しいから、夜に積みにきてくれないか」と言われたのですが、こちらも昼間に他の仕事をして夜はプラスの売上になるので好都合です。今なら時間外労働で、残業時間がかさんで働き方改革に逆行しますが、当時は融通を利かせて仕事を組み合わせることで売上は上がりました。

商売道具のトラックもそうでした。

デコトラ時代の写真

私が最初に担当したトラックは次の車検が来たら廃車する予定の一番古いボロボロの4tトラックでした。サビだらけで雨が降ったら雨漏りするし、運転席の床を見たら穴が空いていて道路が見えるし。そんなオンボロだから好きにしてもいいというので、そのトラックを毎日毎日ピカピカに磨き上げて、今で言うデコトラ仕様にして、捨てられる運命にあったこのトラックがその後も3年ほど、ずいぶん稼ぎまくってくれました。それがきっかけで当時は〝デコトラ上村運送〟のイメージでかなり多くの若い社員が集まりました。

とにかくもっと良い会社にするために人の嫌がることも率先してやっていました。バイタリティがあったのかハングリーだったのか、それはわかりませんが、この当時にいろいろなことを学べたように思います。

とにかく立ち止まるのが嫌で、前へ進む。前に進むためには人のやらないこと、思い付かないこと、ちょっとした工夫をする。私の原点は、この頃の経験にあります。

先輩経営者から学ぶ

父の会社の後を継ぐというと、父親から帝王学を学ぶというのが一般的かもしれませんが、私の場合、経営者としての父は反面教師でした。私は家業を企業にするためにマネジメントを学び、人を動かすことを勉強しましたが、父は人を信じることを嫌いました。現場仕事に関することは叩きこまれたような気がしていますが、こと経営とかマネジメントに関しては、経営理念や経営計画、それに賃金規定や就業規則すらまともなものがなかったような会社でした。父は人を信用することが怖かったのではないかと思います。

11人兄弟の下から3番目だった父は、幼い頃から苦労をしていたようで、小学校もあまり行かずに農作業や家事を手伝っていたそうです。若い頃は林業に従事して山から木を切り出しては運搬する仕事をしていました。そんな経験から自分でトラックを買って運送屋をはじめ、叔父から認可を買い取ったわけです。１９６７年といえば、いざなぎ景気の真っ只中で好景気に沸いたものの、ニクソンショックやオイルショックが大きな経済変化をもたらした時代。父も母も前半は好景気に躍ったものの経済の変化に翻弄されたことだと思います。だから私が入社した1982年は2度のオイルショックを経験して経済が安定しはじめた頃ですが、上村運送の経営状態は最悪だったように思います。

ちょうど私が20歳になったとき、母の薦めで広島県中小企業家同友会（以下、「同友会」と略します。）に入会したのですが、ここでは多くの先輩方から助言や教えをいただき、会社人・経営者としての自覚も持つことができました。

20歳そこそこで右も左もわからない生意気な青二才でも、経営者の先輩方から言われることにはちゃんと耳を傾けるし、言われたことは頭にも入るものです。なぜか親に言われると反発するのですね。同友会の先輩方には本当にお世話になりました。そして、こうした諸先輩方からのお話をお聞きするにつれ、感じたことは、「ウチの会社はまだ会社になっていないんだな」ということでした。朝礼もなければ、会議もない。企業理念などあるわけない。就業規則もあるにはあるのですが、前述したように、会社の現状に則したものとは程遠い内容でした。

▽社員との目線のギャップ

そこで早速、ウチの規程・規則類はどうなっているのか、改めて調べてみました。一番基本となる就業規則などは、どこかの会社から見せてもらったのか、引っ張ってきたのかは定かではありませんでしたが、要は業種も業態も違う他の会社のものを会社名だけ変えてそのまま届け出ていたようです。

当然、そんなものがウチの実情に合っているわけがありません。ただ、会社としてないとマズイから、とりあえず用意しておけ、ということだったのでしょう。就業規則と共に大切な賃金規程にしてもあるようなないような状態で、鉛筆をなめながら「こいつは幾らにしようか」という世界です。しかし当時、この業界全体の主流がそのような感じだったので、これが悪いとか良いとかいう話ではありません。

私はせっかく同友会に入会して、労働・雇用問題にも知見のある先輩方や士業の先生方から学べる機会があるのだから、それを活かしたいと思いました。

同友会には、労働委員会とか経営労働委員などがありましたから、早速、そこのメンバーになり、社労士の先生方が講師となる勉強会に参加しました。特に就業規則の勉強会には何度も足を運びました。そこで小難しい労働基準法の勉強もしたわけです。労働基準法の基礎知識はこの頃にしっかりと習得できたおかげで、その後の法改正や時間短縮、現在の働き方改革などへの理解と対応ができたと思います。

そして自分なりにしっかり勉強して、一から自分で作った就業規則を労働基準監督署に持っていき受理していただきました。面白いことに最初は赤ペンでたくさんの箇所を指摘されるのですが、そのまま受理されるんですね。法令違反の就業規則でも届出は受理されるんです。ただ労働災害や労使紛争になった時に大きな問題になります。これも自分で学んだからこそ知り得た知識かもしれません。その後も改定があるたびに、何度か同署に通いました。

こうしてもっと良い会社にするため、社員のよりよい待遇を考え、まずは、会社としてあるべき体裁を整えることに腐心する中で自分も成長していったのだな、と、当時を振り返ることもあるのですが、必ずしも私の気持ちは社員には通じず、同年代の社員たちとの間に溝ができてしまうこともありました。この時に同友会で小冊子「労使見解」を読んで経営者と労働者の目線は違うものだけど、経営者が変われば労使見解は可能なのだと学びました。まずは自分自身が変わろう。本当の意味で「家族」にならなければならない、と悟りました。

▽主要取引先からの取引停止事件で開眼

こうして、自分なりに走り始めていた時に、私を目覚めさせる大事件が起こります。当時、売上の8割以上を占める主力取引先から、いきなり取引停止を言い渡されたのです。私が22歳の時でした。『22才の別れ』、なんて歌がありますよね、甘酸っぱいというかほろ苦い経験を唄った歌ですが、同じ22歳でもあの時の気持ちは、そんなもんじゃない。会社が潰れるかどうか、自分たちはもちろん社員を路頭に迷わせるかどうかの瀬戸際に立たされたのですから、22歳の私は必死でした。「22歳の必死」ですよ。ほんとに！　私は両親を連れて取引先の役員室へ行き、土下座して「もう一度チャンスを下さい」と必死でお願いしました。幸いにも22歳の私に「息子のお前がやるのならもう一度チャンスをやる」と言ってくださり、取引を継続していただきました。そうして私の経営者人生が始まりました。

この事件、実は父が袖の下を渡していたのです。取引先の課長さんにバックマージンを渡していたのがバレたわけです。不正ですよね。そんな信用できない運送屋とは取引できない、となったんですね。当然ですよね。いま私が逆の立場になっても同じことを通告すると思います。

この事件をきっかけに経営者となった私は経営理念というものも考えないといけないな、という考えに至るわけです。このままではいけない、なんとか良い方法を見つけて前へ進まなくてはと思いました。この時も同友会での学びが大いに役に立ちます。真の経営者にならなければ！　と強く思った私は、「同友会で経営理念を学ぼう！良い経営者とはなんなんだ。良い会社とはどんな会社なのか」ということを、もう一度、強く考えるようになりました。

お金にルーズでは駄目だ。経営のことがわからないのでは何も言えないし、始まらない。しっかり勉強しよう、そう思ってちょうど25歳になった頃、仕事が終わって夜な夜な学校に行き、簿記の専門学校に通いはじめ、日商簿記2級まで勉強しました。物流業は製造原価（運輸原価）があるので工業簿記と同じだから、商業簿記の3級まででではなく工業簿記の2級まで勉強しなさい、と言われ、100点満点で2級まで合格しました。試験で100点を取ったのはその時くらいだったと思います。

それまでは、母が会社の経理、資金繰り的なことを見ていたのですが、うちの会社には月次残高試算表というものがありませんでした。決算書はあるのですが、月次試算表がないのです。母はいつも「儲からん」「儲からん」が口癖でした。私は、頑張って売上をあげているはずなのに……「何で儲からんの」、このかみ合わない会話が母との定番のようになりました。そのうち、これはどうも、手元に残る現金のある・なしがイコール儲かっているかいないか、ということなのだなということに気づきました。親はキャッシュフローだけを見ていたのです。もちろんこれが悪いとは言いませんが、儲からない理由……どこが足りなくて、何が儲かっていないのか、そこがわからないのです。

毎月の数字は、全部税理士さんや会計事務所に丸投げ、年に一度の税務申告書の時の決算書しかないわけですね。なぜこうなったか？　お金を見ていた母が簿記や経理の知識がなかったわけですが、そこは母を責めても仕方がないのに、毎日のように親子ゲンカをして母を責めていました。「うちの会社は経理が悪い」が私の口癖でした。そんな時、先輩から「おまえは経理がわかるのか？」と聞かれ、「わかりません」と答えると、「それなら経営者のお前が悪い」と言われ、開いた口が塞がりませんでした。「迫君、君がやるしかないよ」と言われ経理の学校へ通ったというわけです。でもこれは私にとっていい経験でした。これがなかったら、「儲かっていない」「金がない」「いや、こんなに売上をあげているのに」と私と母の親子ゲンカは続いていたでしょう。前向きならいざ知らず、後ろ向きのケンカでした。

とにかく、父が起こしたバックマージン事件がきっかけで会社の数字に目が行くようになった。振り返ってみて、まさに私はここで開眼したと言えるのでしょう。このままじゃいけないと身に染みて、それからは猛勉強をしました。

20歳で、同友会に行った時は、例会が終わって二次会などに行ったら先輩たちは、ずっと「経営とはなんぞや」「企業文化とは何か」「経営理念はどうあるべきか」、そんなことばかり話しているのですよ。その時は「なんて面白くない集団」と思いましたが、いろいろな事件が起こって、このままではうちの会社はダメだと思った時、あの先輩たちが一晩中話していた〝経営〟に、うちの会社の活路が見出せるのではないかと考えたのです。

そこから、また真面目に同友会に参加してみようと思ったのです。これは、私にとって大正解でした。

妻 幸子との結婚

話は変わりますが、私の妻、幸子は私と同じ歳で、どちらかというと不良の私とは全く逆の人生。勉強が大好きで、成績は小学校の頃からクラスや学年で一番を競い、中学から私学に進学して将来は英国へ留学して世界に羽ばたきたい、そういう夢を抱いていたそうです。しかし現実は厳しく、大学卒業をして留学の機会を探っている最中、ゼミの先生から良い会社があると紹介されて就職したのが先ほど話した、あのバックマージン事件の家具メーカーでした。そこで経営者の卵となった私と知り合い、私からの猛烈なアタックによって結婚することになりました。

妻は一途な性格で、私を本当に大切にしてくれました。すぐに娘ができて、また一年後に次女ができて、出産から子育てが大変な時、亭主の私は「経営」にかまけて深夜に帰り、早朝に出かける。日曜日も祝日もないような状態でした。

そんな最低な亭主である私が、病気はする、大怪我はする、遊び歩くとなると、それは怒りますよね。経営者なら少なくとも経験があると思いますが、会社の資金繰りが大変な時などは自分の給料なんか二の次になります。そうなると女房は大変ですよ、生活費をやりくりしなくちゃならないので。それなのに旦那は、接待だの！　付き合いだの！　同友会だの！　と理由をつけて飲み歩き、家には深夜、酔っ払って帰るあり様。「世の中の役に立つ！」と言っているのに、「家族の役にも立てないのに、何ができるんだ！　何が良い経営者なもんか！」って感じですよね。

実は私たち夫婦は過去、どちらも大病を患いまして、ここにも不思議な因縁があります。私が肺に腫瘍が見つかって手術をしたのは妻の厄年の年齢。妻も40歳で胃にスキルス癌が見つかり手術をしたのですが、こちらは私の厄年の年齢でした。神様は見ていますよね。天網恢恢疎にして漏らさず、ですよ。妻にはなんの罪もありませんが、お互い大病したおかげでいろいろなことに気がつく様になりました。

あの九死に一生を得た大怪我の時も、妻の支えがあったからこその積小為大。リハビリを続けることができました。のちに先輩方が「迫慎二を励ます会」を開いてくれましたが、その時の主役は紛れもなく妻だったと思います。みんなよくわかっていたのですね。

妻は本当に家庭を大事にしてくれて、娘たちを立派に育ててくれました。不良亭主の私に対してはいまでも事あるごとに襟を正してくれます。妻のおかげで、いまの私があるのです。二人の娘たちもそれぞれ家庭ができ、孫を連れて帰ってくるのがとても楽しみです。

何を売る会社なのかを定義する

妻の協力と理解もあり、同友会での学び、そして経理の猛勉強など自分の意識改革もしながら会社の改革も進めていきました。そうこうしているうちに中途採用なども含め50人くらいの若い世代が集まってきて、それもあってどんどん改革を進めていきました。すると古くからのドライバーの中には「もう2代目にはついていけません」と言って、ずいぶん辞めていきました。まあそれも仕方ないことなのかと、今では思っています。

「朝礼をやるから」と言っても誰も朝礼には出てこない。「品質向上のためにドライバーのミーティングをやるから」と言ったら「何をバカなことを言っているのだ」と返事が返ってくるあり様です。朝礼や会議のない会社はないという常識は私ひとりの常識で、「昨日まで何もやっていなかったのに今日になって何を言うか」と、何をやるにもまったくアウェイ状態。それでもこうしたことを地道に一つひとつ積み重ねていって、やっと朝礼をするまでに漕ぎつけます。少しずつ父の方針から私の方針に変えていくわけです。

当時、ダスキンさんだったでしょうか、そこの朝礼がすごくいいということで見学に行ったり、自衛隊に体験入隊して訓練を体験したり、県外の企業へも訪問して見学したりしました。それでだんだん朝礼や会議ってどうやるのがいいのだろうと、見よう見まねで始めていきました。そうやっていくうちに、だんだん会社らしいというか企業らしい風土ができあがっていき、そこから初めて全員で営業をしよう、やっていこうという意識も生まれてきました。

運送会社は、今でもそうですが、専属の仕事を持っているか、フリーですべての仕事を回すか、大きくこの二つに分けられます。私が入社した頃は、全部専属でやっていました。いまで言うチャーターですね。〝トラックを1台年間契約、基本料はいくら〟という感じでそれが10台あればそう波風なく過ごせるわけですが、繁忙期と閑散期の差を埋めるために臨時便を用意しないといけません。これをフリー車両として、それが全体の3割とか5割、場合によってはチャーターを3割にして、フリーで7割回すなんてことをやると、フリーの方が儲かったりするわけです。私が入社した当時、増やしていった仕事はこのフリーの仕事になります。

そうなると、うちは運送屋ではあるけれど、「何を売る会社なのか?」という発想が生まれてきます。この何を……というのが大事なのです。マネジメントで有名なピーター・F・ドラッカー博士の言う「我々の商品は何か? 何であるべきか?」ということですね。運送屋だけれどそこに〝運送の品揃え〟みたいな考え方が出てきて、例えば、会社の中に商品棚、陳列棚があって、運送サービスという形のない商品だけど、多種多様な品目を扱えるように仕事を広げていきましょう、という考え方を持つようになりました。そして「我々の顧客は誰で、それはどこにいるのか」という定義を考えはじめたのです。そうなってくるとより一層、両親との会話も噛み合わなくなります。

〝ちょっと違うこと〟はここから始まった⁉

ここでゲリラ戦法のお話をしましょう。運送業界にゲリラ戦法というやり方があるわけではなく、私がよくやっていたやり方を、ある社員がまとめたものなのですが。仮に今日、ヒマだったら、前の日まで営業を頑張ることで今日の予定を埋めようとしますが、どうしても埋め切るところまではいけないわけです。それでもドライバーを遊ばせておくわけにもいきませんから、今日は仕事がないと取引先に言われても、とりあえずは現場に向かわせるわけです。そしてそこの受付に「今日は仕事ありませんか？　もし何かあれば動けるように待機していますよ」と言ってそこで待つ、ということをしていました。どうせ待機するなら自社よりお客様の軒先がいいですよね。強引なやり方のように思われるかもしれませんが、こうするとなんだかんだで何かしらの仕事をもらうことができ、ここで生まれた関係性がのちのちに何かの仕事に繋がっていくわけです。来るな、と言われてもゲリラのように向かわせるわけですから、まあゲリラ戦法と呼んでおりました。

気配りゴマスリ作戦というのもあります。現場にはうちと同じように同業他社のトラックも来ているわけですから、私は、リフトの順番を早くしてもらうために、リフトマンに「これで喉を潤してください、いつもありがとうございます」と言葉を添えてジュースやコーヒーを渡すのです。「ほんの気持ちです」と。これはつまり、気配りなんですね。それでリフトの順番が早くなれば、こちらも助かりますし、相手だって悪い気はしないでしょう。待機中にトラックの中で漫画を読みながら待機しているドライバーと、箒を持って掃除してくれたりゴミを拾ってくれたり、荷物の整理を手伝ってくれるドライバーではどちらが選ばれるか？　二宮尊徳の教えにある「報徳仕法」ですね。何をもって仕事に報いるか。こうした、ちょっとしたことの積み重ねが、大きなものとして返ってくるのだということをドライバーたちに伝えています。ちょっと違う運送屋というのは、こうした小さなことの積み重ねからはじまるものだと思っています。簡単に言えば、他社との差別化のようなものです。気配りだって、あるとないとでは大きな差別化になります。ちょっと違うという差別化には、何のコストもかかりません。ちょっと知恵を絞れば、ちょっと気を配れば、ちょっと相手の立場になれば、すぐにできることです。

どこにフォーカスするか

上村運送の創業時は家具とならんで綿花を運んでいました。綿花産業は、一時期とても栄えていました。昔は広島にも綿花取引所があって、たくさんの製綿会社がありました。実は私が子供の頃はこの製綿会社の敷地内に上村運送はありました。神戸港から水揚げされた原綿を広島に運んで、工場で製綿された綿製品を西日本各地に運ぶ仕事です。でもこの綿花は、原料として運ぶ単価と、製綿になって製品として運ぶのでは単価がまったく違います。まあ圧縮された原綿状態の原料と、製綿してフワフワの綿になった製品では体積も100倍くらい違うわけですが、それでも製品価格にすると金額が倍々で違うのです。

原料を運ぶ分野、工場で仕掛品を運ぶ分野、最終商品を運ぶ分野も商品価値そのもので見ると数倍、数十倍、数百倍にもなるわけです。ということは、どこにフォーカスして、何を扱うかで儲けの幅がかなり変わってくる。これが運送の面白いところです。「これを生かさない手はないな」と思ったわけです。

受注した先のことを考えた営業、この考えは大いに役に立ちました。流通の各分野のはざまの輸送。どこにフォーカスするかが重要なことに気がつきました。

運送の効率化を目指して

近年、綿花産業は斜陽化していきましたが、家具業界も斜陽化していきました。父の頃、主力としていたものが二つとも斜陽化してしまったわけです。世の中ほんとに一寸先はどうなるかわからないものですね。最近の住居は戸建てもマンションも、住宅メーカーがクローゼットを備え付けており、収納家具の代名詞である洋服ダンス、整理ダンス、和ダンスなどというものは必要なくなりました。嫁入り道具としての家具も最近ではなくなったと言っても過言ではないでしょう。家具屋の敵は住宅メーカー、綿屋の敵は海外の羽毛メーカーだったりしたわけです。それをこの30年ほど、ずっと目の当たりにしてきました。かつては、良い時代もあったわけで、そういう意味ではうちの会社は良いものを扱っていたのだと思います。

さて、1991年に、私は、家具の共同運送をしようという企画を考え、手書きの企画書を携えて取引先に持っていきました。すると「これは、上村運送じゃなくて別会社を一緒につくってやらないか」という話になりました。つまり、出資するからやってみよう、という話です。そこで上村運送が40％出資して、家具メーカーが30％、家具の小売店が30％出して、株式会社ネストを作りました。実はネスト（鳥の巣）という会社の出発点は、ここから始まりです。代表取締役社長には私が就任しました。

もともとは、上村運送でやりたかったのですが、それではなかなか水平展開できないだろうということで、この話に乗りました。良かったか悪かったかはわかりませんが、私としては、自分がつくった企画に投資してやろうと言ってもらえたことは、素直にうれしかったですね。ちょうど28歳の時です。

当時、このネストという会社は、倉庫を自前で運営して、トラックとか、いわゆる配達の足は自分では持たない会社でした。いまで言う取扱業、つまり貨物運送取扱業で家具屋さんの共同配送システムという仕組みを売っていました。そしてネストで多数の家具屋さんから受注したものをトラック単位にして上村運送で運ぶ、という棲み分けで運営していたのです。鳥の巣で待っている雛たちに、親鳥が食べ物をあちらこちらから運んでくるように。

この発想は、もともと上村運送が家具メーカーの仕事をずっと請けていた

創業当時のネストのトラック

からこそ考えついたものなのです。上村運送は婚礼家具の「婚礼荷送りパック」というのを長年やってきてそれが好評だったのです。小売店との取引もだいぶ増えてきて、同時に単品家具の配達も増えていきました。

話はここからで、自分がメーカーから小売店へ配達した商品が売れると、すぐに荷送りパックの配送が発生するので、また小売店に積み込みに伺うわけですね。これはつまり、さっき自分が納品した家具を、また自分が積み込みにいくわけですから、誰が考えても「降ろさなければよかったじゃん」と、

めでたい雰囲気をまとった婚礼荷送りパックのトラック

こうなりますよね。こんなことがしょっちゅう起こっていたわけで、そこで「何か良い方法はないかな」と考えついたのが、この家具共同配送システム株式会社ネストだったのです。

試行錯誤の共同物流会社

ちょうど「共同配送」という言葉が出始めた頃で、数年後、物流効率化法が制定されました。当時はバブル崩壊後といってもまだまだ地価は高く、共同配送のために必要な倉庫の賃借料が高額なことによるコスト負担が悩みの種でした。そこで物流効率化の制度を使って国から無利息の資金を借用し、物流センターの建設をしようと計画しました。すぐに株主に相談して、その他の取引先の家具業界の方々に集まっていただき検討しました。意見はいろいろ出ましたが、無利息の資金を使ってうまくいかない事業はないだろうということで、7社で準備にとりかかり、1995年に「協同組合広島家具物流センター」を設立し、翌年、総額8億円余りの資金を投じて物流センターを竣工しました。しかしその企ては見事に失敗、株式会社ネストは1億～2億くらいの損失を被ってしまいました。

同じ年に、上村運送を株式会社ネストロジスティクスに組織変更し全社挙げて家具の共同配送事業に取り組みました。ちなみに、この融資の条件は2年据え置きで、トータルで15年の償還で、無利息という好条件でした。無利息というのはとてつもなく魅力的でした。ただ、まさかその後、ゼロ金利時代に突入するとは思いませんでした。

とはいえ、つきつけられた条件は、

広島家具物流センター

協同組合組織でなければならない、情報機器を入れなければいけない、ロボットのような自動倉庫まで入れなければいけないとか、いらないものまで入れなければならなくなりました。無利息の代わりに高いコストをかけなければならなくなったわけです。地場だけの家具の共同配送なんてたかがしれています。情報機器に何千万もかける必要はないのですが、でもそれが条件でした。ただ、やると決めたからには、どうやってそれをクリアできるか、それも必死でした。

規模もそれなりに大きかったので、話題にもなりましたし、遠方から見学にこられる方も結構いらっしゃいました。ただ、そうした注目とは裏腹に価格競争などもあって、うまいことといかなかったというのが実感です。世の中はバブル崩壊後、地価がどんどん下落していたのです。

バブル！　地価と金利の駆け引き

価格競争という戦いも厳しいものでしたが、地価との戦いもありました。１９９１

年から1995年までの広島の商業、工業地区における工場や倉庫の賃借坪単価の相場が5000円以上、高いところでは1万円ほどでした。バブルの影響などもありましたが、とてもじゃないけどそんなところに家具は置けない、ということになって、できれば5000円未満になるように試算して、この物流センターをつくったのです。しかしその間にも地価はどんどん下がっていきました。ちょうど完成した頃、例えば、西区の商工センター界隈の倉庫でも坪単価が3500円くらいになっていました。私たちの倉庫はもっと不便な山の中の工業団地にあってそれでも坪単価3800円ででていたわけですから、もう価格で勝つのが難しいわけです。ということは、価格競争というか、市場の移り変わりについていけなかった、ということになります。

このことは、とても勉強になりました。あの時の状況というのは、今後も起きて当然の話です。今のゼロ金利に慣れた企業が、あの当時のように金利3～4％になったら、金利負担に耐えられないところはたくさん出てくるでしょう。

私たちが気を遣う燃料価格にしても、もともとの原油価格や為替でどんどん変わる。私たちの力ではどうにもならないわけです。どこに基準を置くかということをこの時真剣に考えました。

話を地価に戻しますが、あの時、広島中心部の地価が３５００円に下がったら、競争力はあるのか？　と考え、その時のための仕組みをつくっておけばよかったと思っています。現在であればゼロ金利が３％になっても負担できるか、そして３％になっても利益を残せるような収支構造になっていないと生き残れない、ということでしょう。

私の知り合いの知人に、サラ金（高利貸し）から資金を借りて焼肉屋を開業された方がおられます。脱サラして開業しようとしても、当然どこも貸してくれず、サラ金から借りたそうなのですが、昔ですからサラ金の金利は30％前後、彼はそこで30％の金利負担でも儲けられる収支構造をつくったそうです。続いて2店舗を出す時もサラ金から借りて、２、３店舗目とも同じように利益を出していきました。そしてようやく4店舗を出す時、銀行が融資してくれたそうですが、サラ金と比べると銀行の金利は桁が違います。もっと儲かるわけですよ。この話、どこに基準を置くか、その置きどころがいかに大切かを教えてくれる貴重な話ですし、世の中の流れを見るうえでも重要な考え方です。

良い時も悪い時も続かないという考え方

とにかく世の中、いままでもそしてこれからも、あらゆることが変動していくでしょう。私は、その時が来ても慌てることがないよう、覚悟しておくことが大切だと思うようになりました。リスクヘッジではなく、重要なのは、考え方を変える、ということです。いまのような良い時も続かないし、さりとて悪い時も続かない。

今日失敗したことをすぐに取り戻そうとするから、大きな投資をして失敗します。ならば時間をかけて取り戻せばいいのです。

新型コロナウィルスによって失われた時間と経済は、また2年、3年、5年かけて取り戻せばいいでしょう。ジタバタしないということです。何か損失を被ると、すぐに取り戻そうとする向きが世の中にはあるような気がします。すぐに取り戻さなければばダメとか、銀行をはじめ、周りがうるさいですよね。たとえば銀行からも、「三期連続して赤字だったらもう融資しない」と言われてしまいます。赤字になったとしても、そこにちゃんとした理由があって、計画もあって、先の見通しがあって、同じように時間をかけてちゃんと回復します、と。私はこれでいいと思うのですが、必要なのは、ちゃんと計画を実行できる覚悟と行動力があるかどうか、ここが大切ではないでしょうか。

大きな渦の中でも自分たちを見失わない

1994年に広島でスポーツのアジア競技大会が開催されました。ネストはそこで選手村の設営に伴う大規模受注を経験しました。発注元は広島の家具商業組合で「迫君、これくらいやってもらえるか」という感じで始まったのですが、なにせ国際的な催事です。そこには目に見えない、いろいろなプレッシャーがかけられます。何かにつけて、これは一企業の問題じゃないから、と言われるわけです。「ネストだの、わけのわからない地元の企業に任せていいのか」みたいなことも平気で言われるわけです。「何かあったら、国際問題です。国家の威信がかかっています。あなたがたに責任が取れますか」とまで言われます。でも、答えようがありませんよね。もう万事がそんな雰囲気の中での仕事でした。

でもこの仕事では、いい経験をさせていただきました。搬入期間は限られていますし、必ず守らなければなりません。しかも搬入作業の組織図から搬入スケジュールなど、たくさんの書類の提出を求められました。社員と毎晩、

アジア競技大会搬入時の写真

あーでもない、こーでもないと知恵を絞って作成しました。規模も大きかったので見積書もいままで作ったことのない桁の金額でした。一世一代の大仕事というのは、ああいうことを言うのだなと、今でも思っています。そしていよいよ明日から搬入だ！という時に、私はぶっ倒れてしまいました。夏場に風邪でも引いたのかと思っていたら痰に血が混ざるようになって、なんだこれはと病院に行くと、肺に腫瘍ができていたのです。「先生、入院は1日だけ待って下さい。一世一代の大仕事があるんです」

しかし、さあ、花道から大舞台に、というタイミングでアクシデントに見舞われたわけで、私の後は父に任せることに。「このバカタレ」と言われながら、「親父、後は頼むよ」ということになりました。7月の暑い盛り、受注してきた当の本人は涼しい顔して病院のベッドで寝ているわけです。暑い中、仕事を仕上げてくれたのは、現場の監督をしてくれた父と社員たちです。彼らには感謝してもしきれない思いがあります。

▽ 人との絆、繋がりが大切

そしてもう一つ、私が、この仕事から感じたこと、それは日ごろの繋がりの大切さです。この催事に参加した企業は、ネスト以外はすべて上場企業です。それも名だたる著名な企業ばかり。その中に、ポツンとネストが入っていたわけです。そういう意味で当時の家具商業組合の理事長さんは、胆力がありましたね。このそうそうたる企業の中でネストを指名してくれたのですから。大会実行委員会とは相当やりあってくれたのだと思います。普通なら考えられないことですが、とても感謝しています。普段からのお付き合い、私たちがやってきた仕事に対して信頼と期待を寄せてくれていたのだろうと、勝手に思っています。

またちょうどこの頃から広島でも「ネストって最近元気がいいな、昔の上村運送か」などと囁かれるようにもなり、地元の運送会社として目立ちはじめてきたのだと思います。

この頃の面白いエピソードをお話ししましょう。ちょうどアジア大会の大型受注をして、搬入直前に私が入院し、8月の下旬に退院した頃、ある会合に向かう途中、電車の中で同業者の世間話が遠巻きに聞こえてきたんです。

同じ頃広島で勢いのある運送会社が経営破綻したのですが、その話に寄せるかたちで「次はネストがやばいらしい」って。その理由がまた面白いのですよ、「2代目の息子が病気して入院したらしい、悪性のガンでもうダメらしい、あいつがおらんとダメだろう」って言っているわけです。あいつって私のことなのですが、陰でそんなことを言われているんだなぁ、と思いました。すでに同友会の青年部の会長であったり、トラック協会の青年部でも代表をしていたので顔が売れていたというのもありますし、会合などではいつも〃一言物申す〃的な存在でもありましたから、地元では知られる存在にもなっていたのかもしれません。ちなみに問題の左肺の腫瘍ですが、人生初の手術をして摘出しました。この経験もその後の私の人生観を大きく変える出来事の一つです。人生は命あっての物種です。

それからは、〃俺は元気だぞ〃、と思わせるためにもしばらくの間、派手に遊びまくり、飲みまくりました。死んだことにされてたまるか、という私のパフォーマンスです。

また、同時期にトラック協会青年部の先輩たちと「番《つがい》の会」をつくって、世話役を一番若い私がやっていました。全員青年部会でしたが、私以外はほとんどが40代。私が一番若い30歳でした。当時の青年部の定年は50歳だったのです。若い頃から一回り近い年上の人と話したり遊んだりしていましたから、番の会でも勉強させていただくことは多かった。楽しい企画をすると本当にみんなで楽しく旅行や会食ができて、

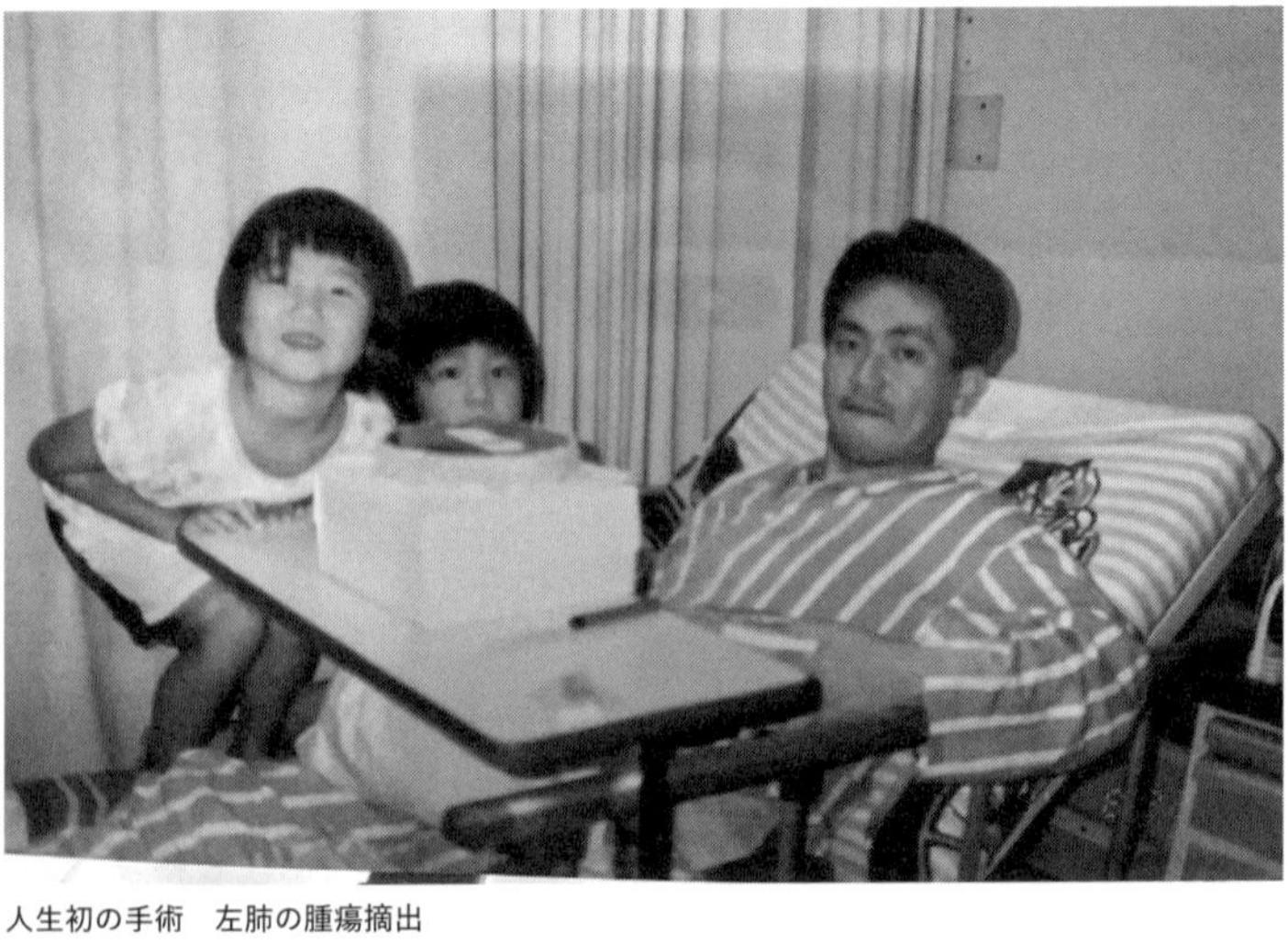

人生初の手術　左肺の腫瘍摘出

夫婦も仲良くなるものです。

私は目上の人に対する敬語などをうまく使えず、失礼したことも多かったはずですが、幸せなことに先輩をはじめ多くの周りの人たちに可愛がっていただきました。改めてそう思いますし、あの一世一代の大仕事もこうした人間関係の積み重ねがあって実現したのだと思っています。

ただ、荷物を運んでいればいい、日々の仕事だけ淡々とこなしていけばいい、ということだけで経営していたら、次のステージには上がれない、という想いがあったればこそ、上村運送、そしてネストが、ちょっと違う運送屋としての歴史を刻んでこられたのだと思います。

想いはひとつ。みんなで儲けよう、みんなで良くしよう

ネストは、自分だけが儲かればいいというのではなく、配送の仕事をみんなで良くし

ていこう、という志のもとに出資が集まり、別会社として設立されました。この「みんなで儲かろう、みんなで良くしていこう」という言葉に、私の想いは集約されていると思います。二宮尊徳の精神ですよね。企業は社会の公器であり何をもって社会に報いるかが大切です。

協同組合をつくり、共同配送をするなどして、揉まれていく中で自社の利益だけを得ようとしても、周りからは賛同を得られないということがわかりました。

むしろ業界として、みんなで良くし

二宮尊徳像

ていこう、良くなろうということを真剣に考え実行した時の結果はうまくいくものです。

別の言い方をすると、自分の利益よりも相手の利益を考えて事を運んだ方がうまくいきます。度が過ぎるとボランティアになってしまいますから、そのへんの線引きは必要なのですが、自分のところの利益はほどほどに、相手のことも考える、これが大事なことだとわかりました。迫のところだけが良ければいいというのではなく、うちに携わる人みんなが良くなるための企画というのは上手くいきます。自己満足だけで何かしようというのは、なかなか上手くいかないし、実現しません。

今思うとそれが自然に導かれていたような気がしてなりません。いままで経験してきた現象や出来事が、ずっとずっと積み重ねになって、繋がっているような気がしています。

第 3 章

ネストと私の航海
～世の中の役に立つことを目指して～

社員たちと共に苦労を乗り越える

先述したように、夢を乗せて設立した協同組合広島家具物流センターもいろいろあって撤退することになったのですが、やはり私にとってこの時の経験は、いまの自分の心の中の大きな存在でもあります。

広島家具物流センターを撤退して、現在の広島カープの本拠地であるMazda Zoom-Zoomスタジアム広島（マツダスタジアム）がある広島市南区にあった倉庫を借りて、一旦ネストのすべての機能を移しました。しかし、そこも広島高速道路が通るということになり、2年くらいで立ち退くことになります。将来に向けての大きなステップになるはずだった広島家具物流センターは、私にとってもメンバーにとっても、進むも地獄、退くも地獄の決意で新しい場所に移ったわけですが、そこも立ち退きになるという、この時は本当に厳しい状況が矢継ぎ早にやってくる試練の時期になりました。

それでもへこたれることなく、今度は広島駅近くの取引先の倉庫と事務所を貸していただけることになりました。そこは最初にネストに出資してくださった会社で、主要荷主の1社であり、例の取引停止事件の時に私を経営者にしていただいた会社でした。困っている私に救いの手を差し伸べてくれたのです。しかし安心したのも2年あまり。こちらの会社も斜陽化の波をもろに受けている家具メーカーでしたし、ネストと同様に広島家具物流センターへの投資で多額の損失を被っていました。収納家具を主力商品としていた同社が

当時借りた倉庫

業態を転換するには高い壁が立ちはだかっていたのだと思います。そんな状況から金融機関の厳しい要請もあったらしく、私たちが間借りしていた施設も含めて売却するということになりました。私は、またしても新たな物件を探すことになります。移転するまでの猶予は半年です。半年で次の倉庫と事務所を探さなければなりません。

それからの半年は広島中の倉庫を探し回りました。帯に短し襷に長し、とはこの事かと思うほど、なかなか良い場所はありません。その中のひとつの物件が現在、本社を置く東区の馬木でした。敷地はそれなりの広さはあるものの、ここは住宅地のど真ん中。運送会社が拠点を置く場所としては向かない場所でしたが、他に良い所もなく、最終的には期限ギリギリまで悩んでここにしようと決めたわけです。

敷地は約1000坪。ギリギリまで決断しなかったので施設を建てる時間はありません。設計事務所と建設会社にいろいろ突貫工事してもらっても完成するまで半年はかかります。そこでいろいろ工夫して現場などで使う2階建ての仮設事務所を借りて、事務所にしました。倉庫も必要です。こちらは20フィートの海上コンテナを15基くらい並べて倉庫の代わりにしました。まるで青空倉庫です。ここに来たのが10月ですから一冬と繁忙期の春をこの仮設事務所と青空倉庫で乗り切りました。そうそう、言い忘れましたが、もちろん、トイレも工事現場にあるような仮設トイレですよ。

当時からいる社員たちには、本当に感謝しています。ずいぶん苦労をかけましたし、よくあんな厳しい環境であの冬を、あの繁忙期を乗り越えられたものです。今では笑い話ですが、本当に有難いことだと今でも思っています。

社員は家族みたいなもの、そうとは言い切れなくてもそれに近い関係がで

仮設事務所と青空倉庫（コンテナ）

きあがっていたのかな、と思います。この仮設事務所での毎日は私が小さな頃から目にしていた光景にも少し重なり合うものでもありました。社員との距離も近く毎日が創意工夫の連続です。自然に「もっと良い方法はないか？」となるわけです。

そして私は何かあるたびに「おい、みんなちょっと集まってくれ」と社員たちに声をかけ、会社のこと、経営状況などはできる限り隠すことなく社員に話してきました。今に至るまでこのスタンスは貫いています。この不便な時代があったからこそ生まれた風土なのかもしれません。

▽母から受けたバトン

前章でも少し触れましたが、ネストが会社らしい会社として成長していく過程で欠かせない話をしたいと思います。それまでは、会社の経理ごとは母が仕切っていたのですが、それを引き継いだ直後に出てきた問題が、なぜか二つある決算書でした。どういうことかといいますと〝金融機関用の決算書〟と〝税務署用の決算書〟があったのです。

一般的には決算書は一つですよね。ところが、うちには二つあったわけです。中小企業や零細企業にはありがちなことらしいのですが、私は「これはどうしたものか」と悩みました。悩んで悩んで決断したすえ、私は、「こんなものが出てきたのですが……」と金融機関に正直に話すことにしました。私には二つの決算書を作り続けて辻褄を合わせることはできないし、このままでは相談もできない。白状するならいましかない！　と思ったのです。すべてを母の責任にしました。母を悪者にしたのです。私が引き継いだ頃の上村運送は資金に余裕がない時で、そのなかで母は必死に切り盛りしてくれていたのだと思います。「あんたエラそうに言うけど、会社にはお金はないんよ！　これだけしかないんだから、エラそうに言うんなら自分でやってごらん」と、会社の通帳や印鑑と簡単な資金繰り表を渡されて翌日から会社には出てきませんでした。我が母ながら大した度胸の持ち主でした。なかなかの肝っ玉母さんだったのです。

そして、そこから私の苦悩の日々がはじまります。運転資金なんてほとんどなく、自転車操業もいいところでした。毎日の資金繰りに追われるのです。ほんとに死に物狂いでした。仕事が終わって夜な夜な帳簿をめくって……っていう感じでした。そんななかでいろいろと教えてくれた人の中に、地元の信用金庫の係長さんがいました。当時は外回り専門の方が各銀行におられたのですが、その人は銀行員と言っても商売っ気がなく、忖度もなく、言葉も乱暴でしたが、本音でいろいろ心配してくださいました。

ある日の夜「こんなものが出てきました」と、ある借入証書を見せると、それは500万円くらいだったと思うのですが、その人は見るなり「お！　オカンやっとるのう。これは高利貸しからの借り入れじゃ！　ワシは聞かなかったことにするけえ、こんなものはいますぐ返せ！　うちの金庫や銀行にばれたら大変じゃ」と。だからってその人が資金を貸してくれるわけでもないので、いろいろなところに当たってお金を借りて、なんとか返済することになるのですが、この人からもお金に関係することをいろいろ教えていただきました。こうした人の助けもあって、母から受けたバトンを持って走り続けることができたわけです。

もっと良い資金調達はないか

時期は違うのですが、私は、お金の調達方法として、銀行などから借り入れる間接金融だけではなく、直接、投資家や友人知人からお金を調達する直接金融という方法もあるのだと読みあさっていたビジネス書から知りました。私募債や縁故債のことなのですが、株式会社であれば取締役会の決議によってどこの会社でも発行できるのです。金利も自社で決めて、少人数私募債として50名未満の人に募集できるものです。募集要項と自社の目論見書をしっかり作って、何のための資金かを説明して、3年から5年を満期として、例えば1000万円とか3000万円とかを募集するのです。金融機関が引き受ける社債というのはよく聞きますが、自分で債権を発行して資金を集める会社はあまり聞いたことがなかったので、実際は、「あいつのところに金出して大丈夫か」などと言われもしました。目論見書等もしっかりしたものを作成して丁寧に説明したのです。金利もゼロ金利時代のさなかに3％くらいに設定しました。

「銀行に預けても全然増えないですよ。１００万円で年3万円の利息付けます。５年で15万円です。」と説明して実際に1億円くらいの資金を調達しました。

とにかく、ちゃんとした商売をやっていけば、きちんと説明して納得していただける。お金を出してくれる人もいる。目論見書も他人や専門の業者に任せず、勉強して自分の言葉でつくって行動することで、資金調達先は銀行だけじゃなくなる。そういうことを体験し、学ばせてもらいました。実は今でも小額ながら継続しています。

いまでも運送業者に限らず、中小企業でこうした資金調達をしているところはないのではないかと思います。この経験と知識も、自分にとっては大きな財産になっていると感じています。

こうした資金調達の他、増資もしてきました。家具共同配送システムの運営を目的に設立した株式会社ネストは当初三社の共同出資でスタート。その後、企業規模を拡大させていこう！　と意欲を燃やし、第三者割当増資で募集して、株主が11名で資本金が３０００万円になりました。ですがなかなか利益が出ず、無配が続く中、前述の広島家具物流センターからの撤退などで累積赤字が大きくなり、解散する結果となりました。配当はできませんでしたが、出資元金はネストロジスティクスが吸収合併する形で全額返金しました。長年にわたり株主の皆さんにはご迷惑とご心配をおかけしたことと思います。元金だけでもお返しすることができたのがせめてもの救いです。

この経験も私の経営者人生に大きな影響を与えてくれました。実は上村運送有限会社を株式会社ネストロジスティクスに改組改名した時の上村運送の資本金は150万円。当時の法律では株式会社の最低資本金は1000万円でしたので、増資をしなければなりません。そこで私はこの経験も踏まえて第三者割当増資というような形は採らず、すべて私が引き受ける形で増資したのです。第三者割当増資として外から資金を集めると、またしても外部の方にご迷惑とご心配をおかけする。同時に株主が増えると自分の思う通りの経営ができなくなります。当然、経営の意思決定スピードも遅くなります。ですから、その後も増資は自分だけで行ってきました。現在資本金は4000万円ですが、すべて私の増資によるものです。

しかし、今後は持株会などを含めて株主を増やしていこうと考えています。またすでにお話ししているとおり、株式公開を視野にいれていますので、株数も増やしておく必要があります。いつまでに上場基準に達する、というある程度明確な計画を持っておかないといけないので、現在は外部からのアドバイスもいただきながら計画をしているところです。

▽人間万事、塞翁が馬

あれは、2005年12月のことだったと思います。その年は4月に新社屋が完成して、5月に第1回ネスト祭りを大盛況に開催し、7月には自社が所有していた米国製で42フィートのスポーツフィッシャー「フェニーチェ号」で和歌山県の南紀勝浦で開催されたビルフィッシュトーナメントに参加した年でした。私たちは155キロ、体長3・5メートルの大物カジキマグロを釣りあげて2位になりました。そして12月には広島カントリークラブ八本松コースの11番ホールで、人生初のホールインワンを出してしまいました。

社屋は新築、祭りも盛況、カジキマグロのゲットといい、ホールインワンといい、滅多に起きないことを連続で起こしたので、周りからは絶好調男の異名をもらったくらいです。「年末ジャンボ宝くじを当てたかったら、迫に金を預けて買ってもらえ」なんて具合でした。有頂天になって調子に乗っていたわけですが、その年のクリスマスイブの夜に妻に携帯電話の中身を全部見られて、これが大当たり。悪事が全部バレてしまいまして……。宝くじの方は全部ハズレましたが、こちらは大当たりですよ。笑うに笑えません。ここで、ホールインワン保険の意味をしみじみ感じることになりました。

115kg、体長3.5mのカジキマグロを一本釣り！

もともとホールインワン保険は、滅多に起きないことが起きた時、運を使い果たして悪いことが起きるかもしれないので厄払いをせよ、という解釈があります。中国の故事にある人間万事、塞翁が馬ですね。ですから、妻に悪事がバレたことは有頂天になっていた自分に対する戒めのように思えました。普段起こらないことが起きたら気をつけろ、簡単に言えば、まあこういうことですね。

まあ、そんなことがあって、妻は子供たちを連れて出ていってしまい、半年間別居することになってしまいました。この半年間はホントに寂しい時間でした。

海難事故　〜九死に一生を得る〜

いま思い返せば、この頃の私は人生に対しても、仕事に対しても、まあまあの満足感みたいなものがありました。単年度の経営計画はずっと作っていましたが、将来に対する具体的なビジョンというものはありませんでした。それでも新社屋も建て、売上も10億に達し、まあまあじゃないかと思うようになっていたのです。同友会に入った頃は1億、3億、5億、10億の壁のような話をよく聞いていました。中小企業の売上規模の話なのですが、私は10億円で満足していたのでしょうね。

夜の繁華街に行けば、それなりにモテましたしね。小銭もあるし、いままで怒涛のように走り続けてここまで来たんだから、ちょっと道草を食って小休止してもいいじゃないか。ゴルフでホールインワンも出したし、クルーザーを買って大好きな釣りにでも行けば、周りはうらやましがるだろう、と。ただ、もちろん仕事はしながらではありましたが、どこか悶々とした時期でもありました。

2007年5月31日、こんな私の目を覚ますことになる大きな事件が起きます。この年もカジキマグロを追いかけて、黒潮のある太平洋を目指して出港した、その夜。まさに死を覚悟する大事故に遭遇することになります。私のクルーザー「フェニーチェ号」が高知沖の岩礁に乗り上げたのです。

私を含む乗組員はいつもの仲間4人。操縦していたのはFさんで、私と投資家のKさんはキャビンでワインを飲みながら、海外投資の話でひとしきり盛りあがり、そのまま寝てしまっていたのです。岩礁に乗り上げた際の衝撃で目が覚めた時には、すでに腰骨を骨折していました（後からわかったことですが、この時、実は脊髄を損傷していました）。気がついて、周りを確認すると、船首にあるオーナールームのベッドの下にいました。まず、何が起きたのかもわからない状態で前後不覚、慌てながらも状況を把握しようと右往左往していると浸水がはじまり、私のところにもどんどん水が入ってきました。「ひとまず脱出しなければいけない」と思ったものの、腰の骨が折れているので身動きが取れません。私の足はどこかになくなったのか、と本気で思いました。酒を飲んで寝ていた私とKさんの二人は重傷。操縦していたFさんもハンドルでお腹を打って、内臓破裂の重傷でした。

４人の乗組員のなかで一番若かったYくんが無事で「迫さん！！　大丈夫ですか⁉」と助けに来てくれたのですが、裸眼ではほとんど何も見えない近眼のYくんは座礁した衝撃で眼鏡をなくしていたために、目の前がよく見えない状態でした。

せっかく彼が手探りしながら、懸命に私を助けようにも、私はほとんど動けないわけです。下肢の感覚も完全になくなり、自分の足が何かに挟まっているかどうか、それすらもわからない状況です。彼が「僕一人じゃ無理です。助けを呼んできます」とフライブリッジに上がったのですが、その間にもどんどん水が増えてきて、ついに頭のてっぺんまで水がきて呼吸はできない状態でいました。

「もう、だめだ……」。そう思いながらも、船底から空気の泡が目の前を浮いていくのを見つけ、二回くらい海水と一緒に空気を肺に入れました。ですが、そんな行為はほとんど効果がなく、「もう限界だな……。これまでか……」、そう思った矢先、なくした眼鏡を見つけたYくんが戻ってきて、私を引っ張りあげてくれました。まさに間一髪。もう少し遅かったら、私はこの世にいなかったと思います。

そして海上保安庁に連絡して、指示通りライフジャケットを着けてプカプカ浮いて、4時間くらい意識を失いかけながら待っていたところを、地元の漁師さんたちに発見してもらって救助されました。真夜中の太平洋上です。漁師さんだからこそ潮の流れなどの経験から発見してくれたのだと思います。感謝してもしきれません。私は生かされているんだな、と強く感じました。

そうしてそこから約三ヶ月半の入院生活を送ることになります。事故直後に担ぎ込まれた高知県の幡多けんみん病院に1ヶ月半、広島の土谷総合病院に2ヶ月間、お世話になりました。

周りにはとても心配をおかけして、お見舞いなどもたくさんいただきましたが、脊髄損傷で下半身不随になり、手術後はリハビリに励む毎日。しかし下肢の傷害はなかなか良くならない。どこまで治れば快気と言えるのか？身体が言うことをきかないために快気祝いというか報告というか、お見舞い返しのタイミングもわからない。そこで事故の経緯と経過報告を兼ねた小冊子をつくり、御見舞御礼として友人・知人に送りました。

実はこの怪我の直後から日記をつけ

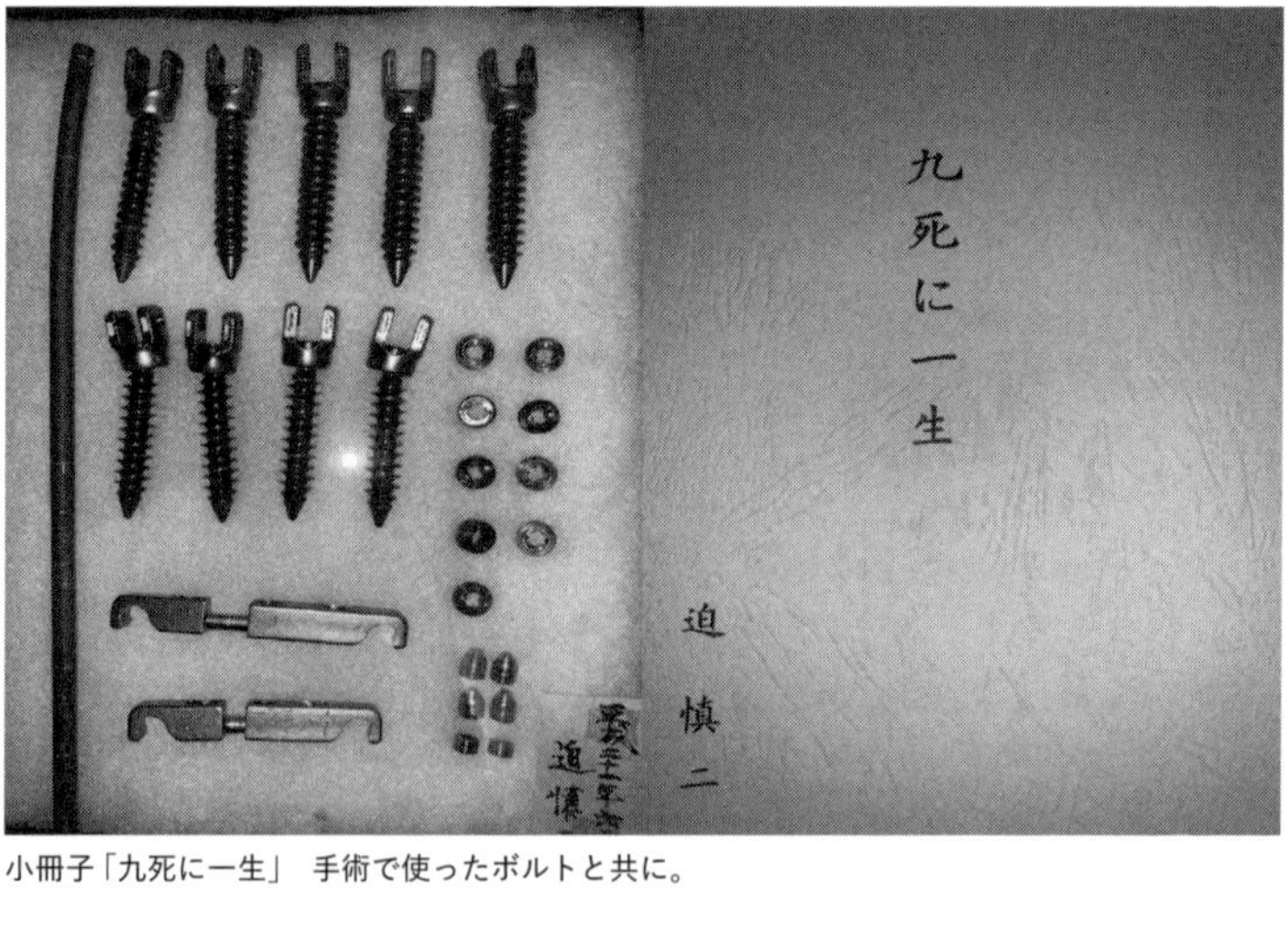

小冊子「九死に一生」 手術で使ったボルトと共に。

はじめました。最初は全然動かない自分の脚や排便排尿の記録をつけて、自分の回復記録を記すことが目的でした。ホントにちょっとずつしか回復しないので、進歩がわかるように記録を残さないとモチベーションが保てなかったのです。「ああ、先週より少し足の指が動いたな」と日記を読み返しては勇気と希望をもらいました。その日記を纏めるようなかたちで、小冊子「九死に一生」をつくりました。

日記は今でも毎日書いています。体のことはあまり書きませんが、やはり振り返ることで自分の経験から勇気と希望を今でももらっています。

身体障害者になって改めて「人を動かす」を考える

若い頃、D・カーネギーの『人を動かす』（創元社）という本を読みました。理屈ではわかったような気がしていましたが、結局、人は元気な時、誰かを動かすよりも自分が動きます。

この事故までは、会社の経営のことも何もかも「俺について来い」という感じで先頭に立って走ってきたわけです。しかし腰の骨を折り、脊髄を痛めて、はじめのうちは排尿排便すらままならず、座る、立つ、歩く、走るなど普通のことがすべてできなくなる体験をしました。復活したいとは言いつつ半年は会社を休み、リハビリに励む毎日でした。それでも完全な肉体とは程遠く、妻や娘、会社の女性社員のほうが力持ち、そんなあり様でした。いや、いまでも力仕事など多くのことは、みんなに手伝ってもらっています。

若い頃からずっと、みんながやらないことや嫌がることも自分がやれば早い、とやってきました。ですが、いまはそこにあるものをちょっと隣の部屋に移動させることすらもできないのです。人に頼らなければならない。やってもらわなければならない。もどかしいけれどどうしようもない。

何がいいたいかと言いますと、いままでは当たり前のように自分でできていたことができなくなった、という状況の中で、「まあ、しょうがない、こうなってしまったのだから……」と思ってしまうのもアリなのかもしれませんが、私は、それは嫌だと思ったんですね。自分の中でものすごい葛藤がありました。しかし自分ができなくなったのだから、どうやって人を動かすか……もちろん、それは感謝の気持ちありきです。そうした気持ちを伴った、なんとかやってもらうための〝マネジメントの力〟に開眼できたと思っていますし、いろいろなことに対する価値観も変わりました。所詮ひとりでは何もできない。

その頃、病院に来られた先輩から「迫、おまえは口だけは達者だから、寝たきりになっても経営はできるよ」、そんなことを言われました。私は価値観を変えることで、人を動かすことの大切さと、喜びを共有することや、共に成長するという感覚を感じるようになりました。いま目の前の自分の現実を直視しながらも、その状況からいかにしてプラスになることを考え、新たなことにチャレンジしていけるか。そういう境地に、至ることができたように思っています。それは傷害が残らなかったら得られなかったものでした。

積小為大の重要さを実感する

二宮尊徳の、積小為大。私の座右の銘ですが、私は怪我からのリハビリを通じて、改めてこの言葉の重さを実感することになります。

当時、担ぎ込まれた高知の病院の先生は「2本足で歩けるようになりますよ」と約束してくれたのですが、それはたぶん装具や松葉杖をつければなんとか立てますよ、くらいの意味だったように思います。ですがとにかく、その言葉を信じてリハビリに励みました。

早く良くなりたいのですが、毎日決められたメニューは1日たった1時間しかありません。そこで、「もっとやってやろう」と勝手にメニューを作ってやると、あっちこっちが筋肉痛や神経痛をおこし、動けなくなるのです。リハビリの先生によく怒られました。他人が10日かかることを頑張って半分で終わらせてやろうと思っていたのです。しかし結果は真逆で、1歩進んで3歩下がるといった具合に、後退してしまうのです。

焦らず、毎日決められたことを少しずつやっていけば確実に前進できる。そう自分に言い聞かせ続け、毎日毎日、振り返りの日記を書き、そのうち妻に動画を撮ってもらい、文字ではわかりにくくなった進歩をビデオで振り返り、勇気と希望をもらうことで「先々週や先週より良くなった」と確認しながら日々を乗り切っていったのです。

普通なら誰でもできるはずの座る練習、立つ練習、歩く練習、平行棒の中で立ったり、しゃがんだり、毎日毎日、コツコツと少しずつやり続けました。

日々のリハビリで、身体が少しずつ動いていく過程は、日々コツコツと経営をして成長していく過程とまったくイコールだと、そう思いました。これは経営も一緒だなと。

それ以来、社内でも〝積小為大〟を理念のように掲げていますし、新入社員への手紙のなかでも積小為大についてはお話をさせていただいています。

リハビリの動画

毎日の積み重ねが不可能を可能にする

誰しもそうかもしれませんが、自分だけ特別な人間だと思っている人は少ないと思います。例えば、自分の子どもがアイドルやスターに憧れて芸能界に入っても、またプロ野球選手になりたいと憧れて野球をはじめても、その夢を実現できるのはほんの一握りの子どもたちだけです。だから多くの親や大人は「お前は凡人なのだから……、現実を見なさい」と、こうなるでしょう。私もそう思う人間の一人で、だからこそ自分は経営者の中でも特別な経営者ではなく、ごく平均的な、ごく平凡な経営者だと思っています。特別な人間ではないのです。これと同じで、私が負った脊髄損傷という大怪我は、怪我を負った時の状況にもよりますが自分で歩けるようになる確率は僅かという厳しい現実がありました。ですから諦めてしまう人の方が多いでしょう。でも、これで立てなくなる、歩けなくなると思ったら、たとえ確率が1％でもそこに賭けたい。賭けなければならない。確率はゼロではないのだから。そう思っていました。

私の周りにも、同じように脊髄損傷の人が何人かいます。しかし、残念ながら立って歩いているのは私だけです。他の人は車椅子を手放せない状態です。私のように装具も外し、杖も持たず、両足で立てて、歩けて、下手くそでもゴルフに行けるようになった人には会ったことがありません。多くの方がこの現実を受け入れ諦めているなかで、それでも医師から「可能性がある」と言われたら、その可能性に賭けたいじゃないですか。

脊髄損傷の回復に役に立ちそうな情報をウェブで調べ、あらゆるところから情報を入手して、やれることを片っ端から実行していきました。こうした体験から、自分は特別な人間にはなれないと妙に達観していたのですが、そうじゃないな、そういう事じゃないんだと思えるようになりました。少しの可能性に対しても全力で取り組もうという、そういう気持ちになったのです。全力で取り組む、という事の意味が、本当はどういうことなのか。脊髄損傷という大怪我が私にいろいろ気づかせてくれました。

〝毎日毎日、小さなことでも積み重ねられれば絶対にできる。不可能を可能にすることができる。積小為大なのだ。〟

いま、自信を持ってそう言えます。

これからは、「何を提供できるか」がポイント

こうした〝積み重ね〟というものをコツコツやってきたのが、ニトリさんとのお取引です。この10年、売上構成に占めるニトリさんの割合は、どんどん大きくなってきています。とはいえこれは単純に結果であり、「役立つことを提供していきましょう」という目的があって、いまのニトリさんとの強固な関係があります。でも、こうしたことも長く続くものではないと思うのです。ニトリさんだって必ずどこかで限界がやってきて、業態転換を検討することだってあるでしょうし、ひょっとするとまさに今がその時期かもしれません。主力の商品以外にも幅広く取り扱っていますからね。つまり、いま私たちが提供しているサービスは、今後も順調に推移していくものではない、ということです。

何を言いたいかというと、「ネストは運送業として何を運ぶのか」という凝り固

まった捉え方をしない方がいい、ということなのです。これからは言い換えると〝企業として世の中に何を提供できるか〟が重要だと思っています。

つまり、「世の中の役に立つものを提供していこう」ということ。例えば、世の中がコロナ禍の波に飲み込まれていく中で、何が残って何がなくなっていくのだろうか。そして新たに何が生まれてくるのだろうか。絶えず、こうしたことを考える想像力を持っていないといけないと思うのです。

それは、いままでの延長線上にある未来は異次元に広がりがあり単純な未来ではない、そう考えているのです。世の中のイノベーションは、私たちの想像をはるかに超える速さで進んでいます。そしてそれはすでに、私たちの周りにも少しずつ及んでいます。私たちが使う設備や装置のあり方も変わってくるでしょうから、自分たちが何を使って何を提供できるのか、ということは物流の枠にとらわれず、常に考えていないといけないと思います。ピーター・F・ドラッカー博士が言われる「私たちの商品は何で、その顧客はどこにいるのか?」。そういう考え方を持ってビジョンを描かないと、近い将来、トラック中心の物流手段に代わる手段が現れた時、従来型の運送会社はなくなるのだと思います。でも、そうであっても、社会生活の枠組みの中で必要なサービスや役割は残るはずです。私たちはそこにフォーカスしていきたいのです。

一つの事例として、富士フイルムさんという会社があります。もともとは社名のとおりカメラなどのフィルムを製造して成長した会社です。しかし、かつて本業としていたフィルムはカメラのデジタル化が進み需要がなくなってしまいました。それでも富士フイルムさんは従来のフィルム製造の技術を生かして研究し、今や医療機器や化粧品、健康食品メーカーとして、フィルム関係の売上の落ち込みを見事に補填し、さらなる成長を続けています。フィルムをつくる技術が化粧品や医療機器をつくる技術に繋がることを誰よりもよく知っていたのでしょう。また、会社の理念や経営の方向性の中に、世の中の役に立つために自分たちの技術を活用していこうという想いがあったのでしょう。しかし一方では、この富士フイルムさんと同じように、世の中の流れに自分たちの存在感を示すことのできた会社ばかりではなく、流れに乗れずに衰退していった会社もたくさんあります。父が経営していた時代の製綿業や家具メーカーも同様だと思います。

じゃあ私たちは、どうするのか？

ネストの主力は物流業ですが、物流・運送・ロジスティクスなどとあえて定義せず、今やっている業務やサービスなどの技術やノウハウでどう世の中の役に立つかを考え続けること。それこそ積小為大のごとく考え続けることで、新しいサービスなり商品の提供へ繋げていきたいと思っています。ネストの商品は何であるべきか、その顧客は誰でどこにいるのか、を追求していくのです。

物流ではなく物流サービスを提供していく

「どのようにして世の中の役に立つか」という考え方、これは弊社では、引越しや家具の宅配などを単純な物流や運送ではなく〝ライフサポート事業〟として位置付けています。つまり、生活のお役立ち業です。ここを追求していくなかでも、やっていることを「引越業です」とか「配達業です」のようには定義せず、私たちは、物流も含んで生活に必要なサービスを提供している会社なのだと思う方がいいと考えています。

つまり生活する上で必要な模様替えや不要なものの処分や引き取り、またはコンテナボックスでの保管や整理のお手伝いなど、考えてみればまだまだたくさん存在するサービスを提供していくのです。

そのほか、いまネストの川崎物流センターでは、10年くらい前までは物流業界でやってこなかったようなことをやっています。これは〝スルー型拠点〟と呼ばれる従来の倉庫とはまったく違う機能を持つ拠点です。一言で言えば昔の電話交換室のようなもので、たとえば海外からの輸入品が倉庫に入ってきます。すると、各方面の業者さんが取りに来ますから、このスルー型拠点を経由して、入ってきた商品をそのまま業者さんにお渡しする、という流れの機能を持つ拠点です。

入ってきた品物が倉庫に一定期間留まるのではなく、ノンストップかつシームレスに商品が流れていくイメージです。ですから朝入ってきた品物は夕方には、空っぽになるわけです。これが毎日繰り返されていくわけです。

イメージ、伝わりますでしょうか。従来の物流現場の倉庫のイメージとはちょっと違うわけです。こうした倉庫の在り方は5年、10年前にはあまり聞かなかった話ですが、いまでは流通のなかではよくある話になっています。合理化と言えば合理化ですが、自然とそうなっていくのだと考えています。

ただ、このスルー型の倉庫も今は好調ですが、この先どうなるかはわかりません。いろいろなところがマネしてくるかもしれませんし、ロボット化も進みＡＩなどの人工知能でもっと便利に早く、しかも無人で機械装置が提供してくるかもしれず、このサービス自体がいつまで我々の手元にあってサービスを提供していけるかは、前述の通り、変化が激しいいまの時代、しっか

川崎物流センターの様子

り見極めていかなければなりません。

自然とこうなっていくという流れの中で、いま私たちが何と勝負しているかと言いますと〝スピード〟という課題です。時間との勝負と言ったほうがいいでしょうか。つまり、Amazonに商品を発注して、実際にいつ届くのか、ということがとても重要になっているということですね。お客様の立場になると注文して、届くのが数日とか数週間後なんてあり得ないわけです。翌日届くことが最低限で納期が長ければ受注は低下します。値段が多少高くてもすぐ届くところに注文します。つい先日も、社員がピザのお皿を頼んだら、まだ届かないと言うので「そんなところに頼むな」と言ったくらいです。まあ細かなことですが、いまはこの感覚が当たりまえの時代ですよね。もっと言えば朝、頼んだら1時間後に届くとか、だんだんそうなっていくと思います。翌日配達から即日配達へ、もう常に時間と勝負をしているようなものです。いかにしてお客様を待たせずに商品を届けることができるか、どうやればそれが実現できるかを日々考えています。

例えば、アプリの開発なんかもそうですが、今はパソコンのソフトやインターネットのウェブサービスで何かをするというよりも、スマホで手軽に使える便利なアプリや仕組みを開発して、それをどう使いこなしていくか。こうした視点や考え方を持つ重要性がどんどん増していると思います。社内でもそういった話は出ていますが、残念ながら社内にはノウハウがありません。そこで外部の力を借りようと、それもスマホ世代の学生さんの力を借りようということで、目的を持ったインターンシップやビジネスコンテストなど新たな取り組みも始めています。

▽ネストX（エックス）の取り組み

うちのYouTubeチャンネルは、実は学生さんが運営してくれています。撮影から編集まで手掛けています。

このネストXを通じて学生さんたちに、ネストの仕事・取り組みを理解していただこうというインターンシップの一環でもあります。正直言って、学生さんと話をしているとと結構疲れるんですね（笑）。ジェネレーションギャップといいますか、話の内容は面白いのですが、私にとっては今の学生さんは〝宇宙人〟ですよ。でも学生さんと話していて、どうしたらそういう思考回路にたどり着くのか？　なんて考えるととても刺激になります。実は、そんな学生さんたちの考え方、行動力を頼りにしている、というわけなんです。

私は、人間の可能性というものは無限大にあると思っています。夢を見続けて志を持つことで掴めることは無限大にあるな、ということです。誰しも60歳になると、あと何年だな、と先が見えてくるわけじゃないですか。先日も銀行に借り入れを頼んだら、担当者から「あと20年したら何歳ですか」って言われまして、もう20年のローンは組めないわけか、と思って現実を感じるわけです。

それに比べて若者にはビッグチャンスがいっぱいあるわけじゃないですか。率直に「いいな」と思いますよ。10代、20代の人たちを見ていると、あと20年経ったらめちゃくちゃバラ色の人生が待っているぞ！　と思っています。いや、必ず待っていますよ。それに向かって会社として応援できることは応援したほうがいい、何よりも私が応援したい。そう思っています。私が九死に一生を得たように、凡人だと思えばみんな凡人になってしまうし、1％の可能性を信じて積小為大すれば、みんなバラ色の人生になるのです。

それは学生さんたちに対しても同じで、彼らと話していると、本当にもう宇宙人というか、なんて幼稚なことを言っているのだと、時には思うこともあります。でも自分も若い頃は、同じようなことを言っていたわけで、周りの大人がもう少し本気で応援してくれていたら自分も違った夢が描けたのではないかと思うこともあります。そん

学生さん達とのYouTube動画撮影の一幕

な想いもあって、無限大の可能性というのは誰でも秘めていると思っています。

〝類は友を呼ぶ〟という言葉がありますが、こうした取り組みを始めて、集まった中の一人が突拍子もないことを言うと、そこにみんなが集まってきてどんどん面白くなっていきます。そこから何が生まれてくるかはわかりませんが、だからここ（会社）は、「ネスト＝巣」なのです。ネストXという場所も、そうした集まりになってほしいと考えています。

ネストXは、経営計画の最後にも組み込んで掲げていますが、今後どう展開していくか、正直言って私にもわかりません。だからエックス（X）なわけで、外部の方から「ネストXってなんですか？」と聞かれてても「教えてあげない」と答えています。正確に言えば、どうなるかわからないから、答えようがないんですけどね。

ヨーロッパで起きていることは日本でも起きる

これからの流れの中で、一番の懸念は、消費地が変わるということです。今の消費地は、東京や首都圏に集中していますが、これからは地方に分散していく可能性が高いでしょう。それだけではなく地方の駅の周辺や街中に集中するのではなく、田舎や山間地や島しょ部に分散する可能性もあります。それはドローンなどの物流装置の発達や病院などの医療機関もネットなどで常時診療ができるようになるからです。消費地が変わるということは、消費者のいる場所が変わるということです。しかも売り場が百貨店やお店ではなく、Ｗｅｂや仮想店舗になると、物流拠点をどこに持つか、在庫はどこで持つかといったことは過去の延長線上で考えることができなくなります。いま、ネストの物流センターでやっているような首都圏を中心・対象とするモデルは崩れる可能性が大いにあります。私たちはこの変化の中で生き残っていく良い方法を考えていかなければならない。現在は調子が良くてもそこに安住してはいけないということです。そう考えたほうが面白いですしね。

時代の変化が激しいいまの世の中では、目の前の戦いに負けたとしても、すぐに次の戦いが始まります。だったら、次の勝負で勝てばいいわけです。1回負けても次で勝てばいい。だからそこも見据えて準備しようということです。つまり、いま勝ったとしても、勝ち続けることは幻想なんですね。とにかく世の中の変化が激しいわけですから、こうした考えに至ることは当然だと思っています。

前にも少し書きましたが、ドイツにインダストリー4・0を見に行った時はショックでした。働き方改革が一番進んでいるのはドイツですよね。時間短縮も進んでいますし、とにかく合理的に管理されています。それを支えているのは機械なんですね。ドイツでサッカーの1部リーグ、ボルシア・ドルトムントの本拠地ジグナル・イドゥナ・パルクというスタジアムに行った時、「なにもかもスケールが違う、このスタジアムに7万人も入るのか!」と圧倒されました。

話が少し逸れてしまいました。何を言いたいかというと、このスタジアムはいろいろな方法で収益を上げているんです。スタジアムをくまなく見せていただき、その運営方法も聞いてきましたが、すべてにおいてベースとなっているスケールが違います。ただのスタジアムじゃないんですね。

アメリカに行った時も多少の刺激は受けましたけど、ロジスティクス4・0、インダストリー4・0といった進化を考えればヨーロッパが一番進んでいると感じました。それはどんどん装置産業化が進んでいるということでもあります。無理をする必要もなく、自然に淘汰や新陳代謝が進み、イノベーションも自然に進むようなところがある、そう感じました。いずれは日本に

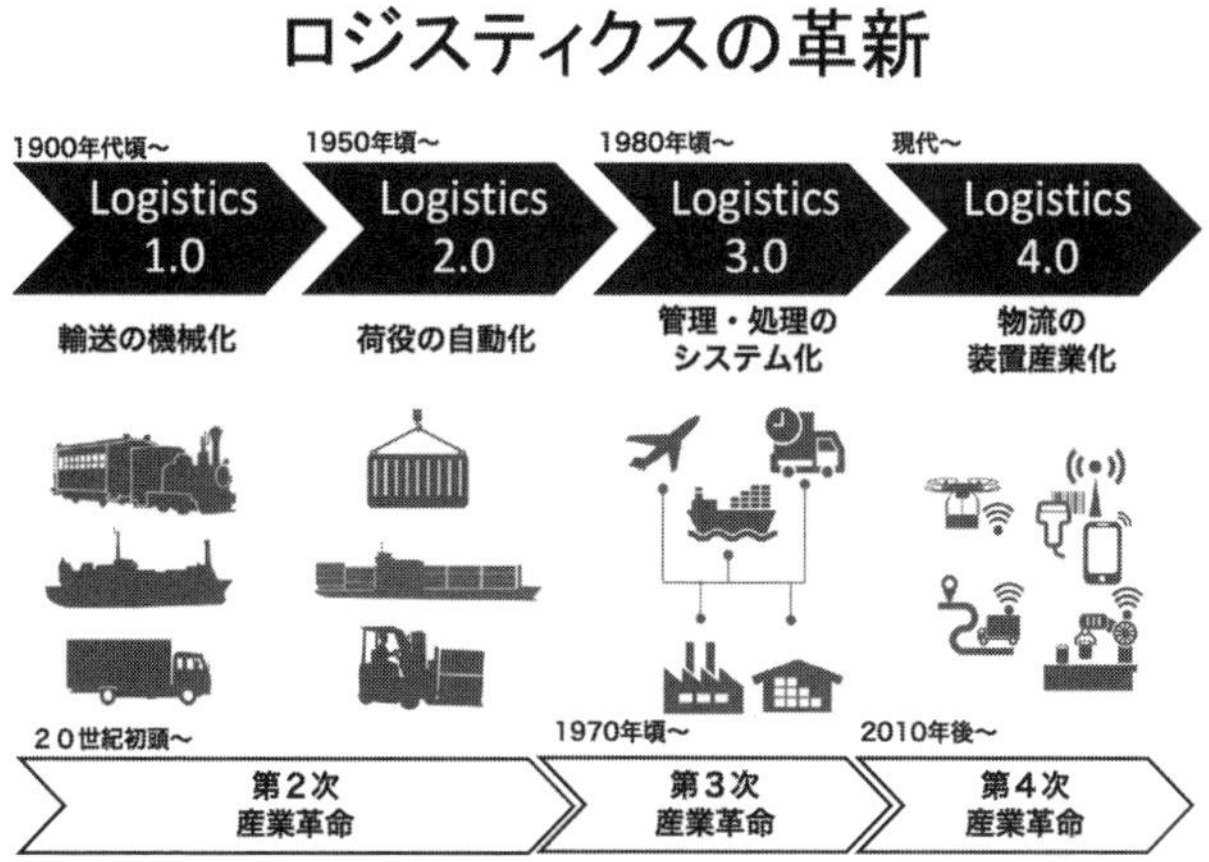

物流革新の歴史

おいてもフォークリフトが無人化されるでしょうし、ピッキングマシンはどこの配送センターでも標準装備されるでしょう。ネストでもすでに導入しているわけですから。

ドイツでも驚いたのは、出荷からトラックへの積み込みまでロボットがやっていて、無人のトレーラーが台車をバースに入庫させて、荷物を積み込んで、出庫していくところまで、すべて無人なのです。工場や物流センター内ではすべて無人化できる。そういうのを見せつけられると、我々の仕事はそのうちなくなるな、と思ったわけです。〝装置産業化〟というのはこういうことです。物流で言えば、人の知恵や存在が欠かせない領域もありますが、省人化と標準化がどんどん進んで、「積む」、「運ぶ」、「降ろす」、「梱包する」、「手配する」といった基本的なオペレーションは、人を必要としないインフラのような存在としての装置がすべてを担う産業という意味です。

だから、私たちとしては、そういう装置を先に使って、装置と共に自分たちのサービスを提供できる立場になるか、それとも装置を使う側として運送サービスを使うメーカーになるか、小売業になるか、自社の立ち位置を考えなければなりません。流通業者の川上のほうに手を広げていくか、それとも川下に行き消費者物流に手を広げるか、それを考えていかなければ生き残れないでしょう。ひとまずは、考え方として川上・川下があると認識することが重要だと思っています。

物流業界は異業種業界

私は、トラック協会や同業団体の役職をいくつかやっていますが、○○運送とか○○ロジという企業の名称であっても、中身を見れば異業種のようにやっていることは違う場合が多いんですね。ネストだけが変わり者というわけじゃなくて、この業界、実は変わっている会社ばかりなんです。はたからから見ると、トラックがあって倉庫があって運送をしているわけですから同じ業界、業種、業態でしょうと思うかもしれませんが、突き詰めていくと例えば、扱っているものが違えば、情報の入り方や出方もぜんぶ違います。

そういう点から言えば、ヤマトさんと日通さんがやっていることは実はまったく違うんですね。ヤマトさんは宅急便に特化しました。日通さんもヤマトさんがやる前にペリカン便を展開されていましたが、法律で信書扱いの小包は郵便局以外はやっちゃいかん、ということで日通さんは諦めました。でもヤマトさんは小倉昌男さんが、国を相手に法律を変えてでもこれをどんどんやろうということで、いまのヤマトさんがあるわけです。そういう意味ではヤマトさんとJPさんの郵便小包は同業・ライバルかもしれません。ですが、日通さんは扱っているものが圧倒的に幅広い。他方の佐川さんは飛脚便からはじまって小荷物とか雑貨にめちゃめちゃ強い。かつてドライバーさんが配達、集荷、集金、一人で何役もこなして頑張った、そういう背景がいまの佐川さんのベースになっているんですね。そういう意味で同じ業界内でもぜんぜん違うわけです。

業界専門紙や就活本には、このあたりのことを図解した業界地図がいろいろ出ているようですが、それらは必ずしも現実の業界のことを表したものではなく、私は一括りで、あれはこう、これはこうと明確にできるものではないし、千変万化、いまこの時にも変わり続けているものだと思っています。

その環境の中でネストができること、「もっと良い方法はないか」を探していくわけです。とにかくいろいろな企業と戦略、そして思惑がうごめいている業界であるのは間違いないですから、このなかでどう生き残っていくかが常に問われ続けます。それは、他社がこうしているから、うちもこうする、といった単純な発想ではなく、あくまでも自分たちが何をもって世の中の役に立てるのか、そして生き残るためにはどう変わっていけばいいか。これは、自分たちが主役の戦いなのだ、という気持ちを持って、できること、やるべきことを考え、実行しています。

備えあれば、憂いなし

先にも少し触れましたが、今後ネストが進む方向として、業界の川上に行くか川下に行くかという選択があります。川上・川下については、川下にはもうあまり領域が残されていません。川下は消費者に近いほう、という意味ですが、消費者物流から考えると、宅配とはネット販売、そこにUberEats、出前館、そしてタクシーのようなまったく競合しないようなものまで入ってきます。そこに付加価値をつけることは可能ですし、裾野はとても広いわけですが、やれる領域はほとんどないわけです。これに対して川上に上るというのは、昔でいうと問屋とか卸売、またはメーカー、原料を扱う企業になります。そちらのほうが参入できる領域はあります。

例えば、倉庫を提供しますとか、原料を預かっておきますとか、仕掛品をとっておきましょうとか、最終商品を預かっておきましょう、などなど。川上にはまだまだ領域はあります。これに対して消費者に近いほう、そこは本当の川の如く広いのですが、私たちが商売を展開できる領域が、今の時点では見えづらいわけですね。UberEatsや出前館、はたまたファミレスやピザの宅配と戦わなければならないわけですから、うちのどんな強みを持って戦うかが見出しづらいわけですね。

また、これはまだ少し先だと思っていましたが、ドローンは2023年度中の実用化を目指して法整備の段階まで来ていますし、3Dプリンターはすでに一般の家庭内にも普及しています。こうした流れの中で、今後はドローンの開発・普及が加速していきますし、3Dプリンターなどの性能がアップして、より使い勝手が良くなれば、この二つは物を運ぶ私たちの仕事に取って代わる存在になるでしょう。これは、いずれ間違いなくこの時代がやってくると思っています。そのような状況の中で、川下の消費者に近いところは、より速い速度で変わっていくでしょう。

そこで、ネストとして川上に踏み込んだ仕事で何か良いやり方を考えていくと共に、将来、必ずやってくる大きな波に飲み込まれないように、知恵を絞っていかなければならないわけです。

川上にある仕事も、物流代行やクラウド倉庫の管理システムといった物流サービスを採り入れながら、川上・川下という2D（二次元）の視点や世界観ではなく、もっと立体的に見る必要があります。例えば、倉庫は倉庫でも管理システムを導入して現状を改善していくとか、運び方にしても自動運転や事故を回避できるシステムを搭載したトラックを導入するなど、単に運ぶ・荷役する・管理するに留まらない提案ができる、まさに装置産業化の文脈における特徴をネストの強みとして狙っていきたいと思っています。

すぐできることでチャレンジしていく

私はできるだけ固定観念を持たないように努めています。世の中が激しく変化するので過去の経験によって判断するのは危険だと考えているからです。その上で全国に展開をしましょう、全国に拠点を持ちましょう、というビジョンを掲げています。売上も100億から500億に、そして1000億にと、そういった漠然とした目標はあります。ですが、じゃあそのために「これを主力商品にしていこう！」という決め方をしないようにしているんです。地域性もあれば、前述のような環境、市況の変化もあるので、固定化したくないという戦略をとっています。

まずはこの方向性で、国内においては1000億円ぐらいの市場はとれるのではないかと、漠然と考えています。物流サービスを中心としたネストができることの展開、これをもって、それぐらいの市場は獲得できるのではないか、と。

じゃあ海外進出は、考えてないのですかと聞かれれば、いまはわかりません、とあえてはっきりお伝えします。それは考えていない、視野に入れていない、ということではなく、企業としては高い売上を目指していきつつも、否応なしに変わっていく状況の中で必要になる時が来るかもしれない。ですから、やらない、ということも決めていません。つまり、いまはまず、すぐに着手、展開できる国内から足場を築いていこう、ということです。それはつまり、国内においてできることがまだまだたくさんあると思っているからでもあります。ニッチな分野でも、売上が1億円くらいしかない事業でも、それを数多くつ

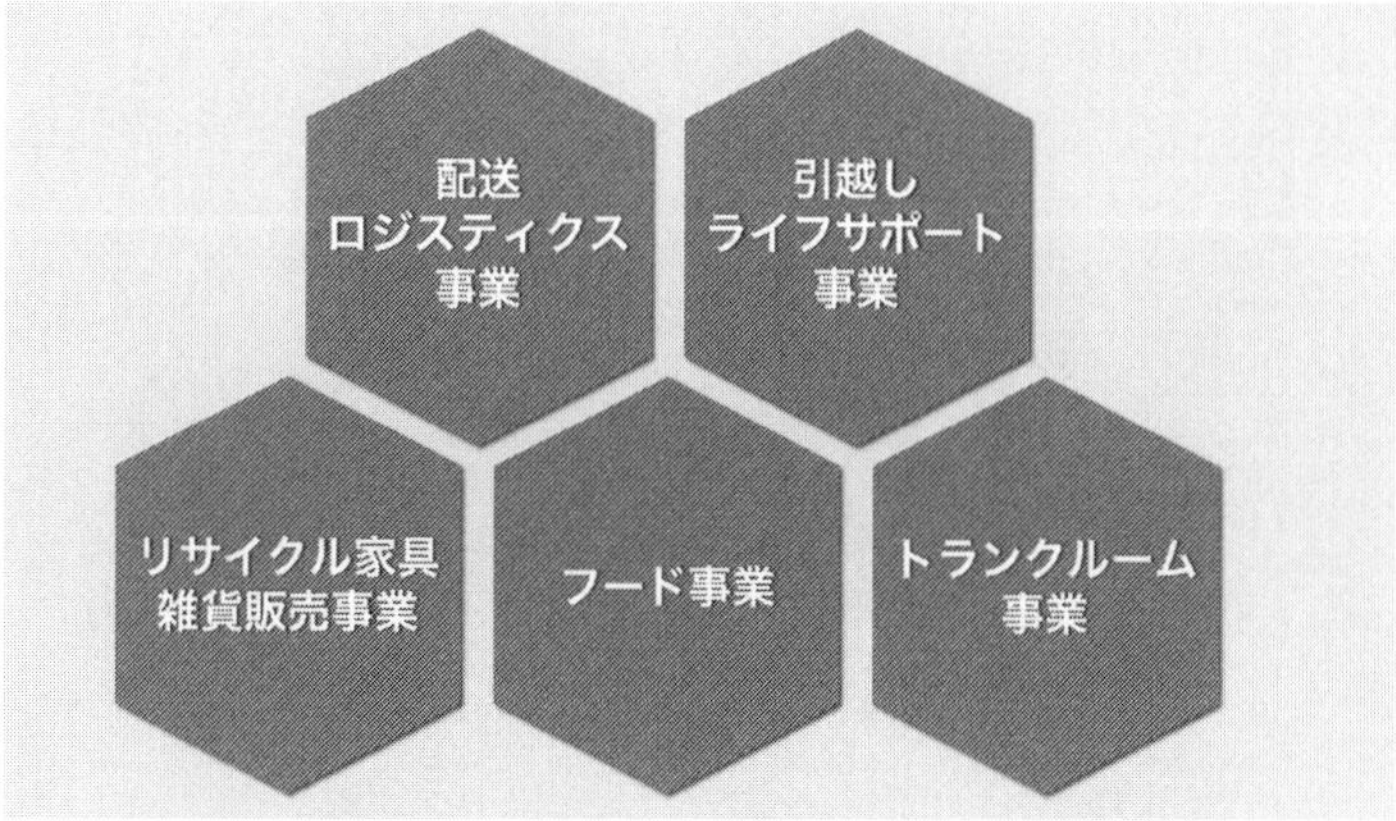

ネスト流の新業態への模索とチャレンジ

くることが可能ですし、まだまだ足元の国内で〝もっと良い方法はないか〟と知恵を絞れば、いろいろな商品開発ができるのではないかと思っています。

私もこの10年の中で、「製造物流小売業」をなんとかネストでできないかと考え、本社でフード事業を始めてみました。たこ焼きを販売するボックスを考案して数店舗出店し、本社の敷地内に製造部門のセントラルキッチンを設置し、ルート配送を管理機能として展開しているのですが、これがなかなかうまくいかない。売れないいんですね。

周囲の人たちからは、簡単に「事業の多角化ですね」などと言われますが、実はそんなものではなく、我々の将来の業態を模索しているのであって、単純にいろいろなことに手を出そうとしているわけではないのです。

ネスト流の新業態とは何かを考え、チャレンジする。「もっと良い方法はないか」と創意工夫をしていけば、更に進化した先に、いずれは〝ネスト流の小売業〟が完成すると思っています。

第 4 章

自分たちが主役。
ネストの人財づくり

想いは実現する！　その考え方が会社の繁栄へ繋がる

この章のはじまりとして、私が尊敬する取引先の先輩経営者のお話をさせていただこうと思います。この方は、うどん屋さんの三代目経営者で、広島で30店舗ほど展開されています。ちょうど同友会に入会してすぐに知り合って、もう30年以上が経ちます。

年齢は私より10歳ほど上で、当時、熱心に求人もされていて、大卒を採用するんだ、と盛んに仰っておられたので、それについて関心もあり、本社をお訪ねしたことがあるのです。

訪問して、まず驚いたのは、そのオフィス。とても綺麗なのです。1階はうどん屋さんの店舗で2階が製造部門、3階が本社事務所。そこはピカピカ、入り口から入るとMacintoshのパソコンがズラーッと並んでいて。社長室に通されたら、これがまためちゃめちゃカッコイイ社長室で、その時の私の第一声は「なんですか、これ！」の連発でした。

「これはうどん屋の事務所じゃない……！」というのが正直な感想でした。その方が仰るには、「うちの会社は〝たかがうどん屋、されどうどん屋〟。だからオフィスはきれいにして、みんながプライドを持って働けるようにしてるんだ」と。一方、当時のネスト（上村運送）といえば、事務所はプレハブです。その方がうちに来られて、「迫さん、これじゃ学生さんなんて来やしないよ」と言われて、自分でも多少は自覚がありましたが、「そうか、それじゃ全部変えなきゃいけないな」と。この先輩とは現在でもお付き合いがあって、いろいろなことを教えていただいています。

ネストの経営理念の末尾にある、「たかが運送屋、されど運送屋、いつもプライドを持って、襟を正してちょっと違う運送屋を目指しましょう」という文言は、この時の強烈な想いから生まれたのです。この出会いがなかったら、求人を始めていなかったし、いまみたいに人財に対する想いはなかったと、改めて思います。

余談ですが、私がクルーザーに乗り始めたのもこの方の影響で、大学時代ヨット部だったこの先輩は、私と知り合った頃から大きなセーリングクルーザーを所有していました。最初は夫婦でクルージングに出かけ、その後は広島にとどまらず九州、関西でのヨットレースに出場し、韓国の釜山やタイのプーケット、そして環太平洋ヨットレースなどにも参戦されていて、私もクルーの一人としていくつかのレースに参加しました。何事もスケールが違っていましたので、ホントに大きな影響を受けました。当時の私はただただ羨ましかったですし、いつかは自分もこんな優雅な趣味を持ちたいなあ！　と漠然と思いました。

その方に教えていただいたことは他にもたくさんあるのですが、一番印象に残っているのは「想いは実現する」ということです。ん？　と思われるかもしれませんが、「私もクルーザーが欲しい」と思ったので相談したら「それはもう半分手に入れたようなものだね」と言われました。どういうことか、というと「欲しいという想いがなければ何も始まらない」「想いがなければ実現しない」ということで、会社の経営もどんな会社にしたいのか？　どんな経営者になりたいのか？　という具体的な想いがなければ何も始まらないという意味だったのです。私は当時、よくわかっていなかったのですが、いまではキッパリと言い切れます。「想いは実現する」と。

学生さんを含め一般の方には、その業界に対するイメージというものがあるかもしれません。ですが、同業者などの事務所に行って、この会社は伸びるな、この会社はダメだな、というのは事務所を見れば一目瞭然ですね。古いとか新しいとか、そういうのは問題じゃないのです。おんぼろな建屋でも、中を綺麗にして整理整頓ができていれば伸びる会社だな。うちの営業所を見てもダメだなと思う営業所と良いなと思う営業所は一目瞭然です。

例えば、玄関に入って靴が揃っているか揃っていないか、それでだいたいはわかりますよね。綺麗にしているかどうか、掃除は行き届いているかどうか。気配りができているのかどうか。ただこれだけで会社全体が見えるわけですよね。事務所は新しくて綺麗でもパソコンの周りは埃だらけだと、全然掃除されていないな、という印象になるでしょう。何がポイントになるかというのは、山ほどあります。

ひと昔前は、多くの経営者が「事務所は稼がないんだから、事務所を綺麗にしてどうするんだ」とか「事務所なんて掘立小屋でいいんだよ、机なんかいらないよ」と。いまだにそういう経営者がいるかもしれませんが、それではいい人財が集まるとはとても思えません。だからといって派手な事務所が必ずしも良いとは思いませんが、例えば「いろいろ工夫しているな。考えているな。なんてオシャレなんだろう。真似したいな」と思われるような会社は進んでいる会社ですし、「なんだこの事務所は、うちの事務所を見せてやろうか」と思う会社は遅れている会社、そういうことなのではないかと思います。たかが事務所、されど事務所で、事務所一つで業界のイメージも変わります。

私も気がつけば、女子社員に、「ここ掃除しておいてくれよ」とかチクチク小姑みたいに言うこともありますから、「細かい事にウルサイな！　このオヤジ」くらいに思われているかもしれませんけど、これで良いのだと思っています。それを毎日積み重ねることで社員の意識が変わってくると思うのです。その成果か、ここ数年は全社で5S活動を続けています。どんな会社にしたいのか？　と、社員一人ひとりが想いを膨らませて実現できる組織が伸びる会社の条件だと思うのです。想いは実現するのです。

▽日々コツコツと

その当時、広島の家具屋さんにも一番店と二番店がありまして、一番店は事務所に行けばそこにいる人たちから勢いが感じられました。二番店も建物は古いけど、細かいところで創意工夫がされている感じでした。どちらも勢いのある会社でした。

ある時、二番店の社長さんが「一番店のあそこはすごいだろう。事務所を見ればわかるよな。ウチはあれで差をつけられている」と言っておられたんですね。確か、当時の一番店の売り上げは二番店の2倍以上あったように記憶しています。でもそれに対して私は「いや、社長のところもすごいですよ」と。確かに二番店は売上では負けていましたが、だんだんお店が大きくなってきて、規模も大きくなり、事務所だって拡張してきた跡が見えるわけです。二番店と三番店ではさらに売上は大きく差がありましたので、やはりこの2店は他店とは全然違っていました。お店も大切ですが、事務所だけでも差がつくものだなと思いました。

今でもこの二つのお店は残っていますが、一番店は低調で、二番店は、家具の売上はそんなに大きくないものの、いまだに無借金経営のようです。

20年ほど前にお店は綺麗に建て替え、財務内容もしっかりしていると聞きます。この話は、外見より中身の工夫が大事、その良い例かもしれません。今思えば、地味ながらも工夫を凝らし、コツコツ経営していくことの大切さを学ばせていただいたと思っています。これも積小為大の一つの事例だと思っています。

今でもどちらの会社とも取引をさせていただいてます。

▽真っ白な状態から3年で一人前に

ここまでの話から、じゃあネストはどういう人財を求めているんだろうか？　そこもお話させていただきたいと思います。

まず言えることは〝枠にはまった人じゃないほうがいい〟ということです。業界の知識や仕事のことはわからなくてもいいのです。そういう意味で真っさらな状態の人のほうがいい。要らぬ知識や経験で固定観念を持ってしまったら、それが枠になってしまいますからね。

特に今は、学校教育の影響もあって、いわゆる偏差値人間ばかりになっています。赤点を取るでもなく、満点を取るでもなく、平均点の人。平均点を取れる人ばかりになっていると思います。我々の世代にもそういう人がいないわけではありませんでしたが、最近は特に増えているように感じています。ちょっとはみ出したことを言うと、変人扱いされてしまったりする。多くの人は、〝この中に納まるようにしていなさい〟、みたいな教育を受けてきたわけですから。

でも、はっきり言ってそういう人は面白くない。なにか新しいことを始めようという時、「そんなことはやめたほうが良いんじゃないですか」と言いかねないわけですから。

そういう意味で言えば、ネストはポジティブな人＝積極的な人を求めています。それは例えば、「既存の枠にはまらないような、クリエイティブなことを考えていこう！」という時に「今のままのほうが良いんじゃないですか」とか「レンタル事業を始めよう」っていう時に「それは運送会社のやることじゃないと思います」という考え方の人は恐らく、ネストには合わないと思うからなんですね。

今、新卒採用においては、「好奇心を保つこと」「曖昧さを楽しめること」「物流の枠にとらわれないこと」という言葉を求人の軸として発信しています。学生さん向けに端的に伝えるとしたら、この3つのキーワードということになります。

私たちは新入社員に対しては、〝3年で一人前にする〟という意気込みでやっています。四年制大学を卒業して、

当社ウェブサイト内、採用ページ

3年間頑張ったら1拠点を任せられるような一人前になれ、という気持ちがベースにあります。私も19歳でこの会社に入って、22歳になる頃には、自分でいろいろ解決せざるを得なくなっていました。その歳はちょうど大卒の皆さんが入ってくる歳ですよね。3年経ったら25歳です。私は結婚して子供もいました。

だから入社して3年も経ったらなんでも自分でやれるように成長してください、私もそうだったのですから。〝3年で一人前にする〟、この言葉にはそういう意味も込めています。

▽研修で全社的一体感を

ただ、そうは思っても実際には難しいと私もわかっています。ですが、そこで余計なことを考えたりせず、どんどん早いペースで、主体的に物事に取り組んでいけば、いやでもそうなっていくと思っています。そうした一人ひとりの積み重ねで名実ともに企業が育っていけば、循環して人も育ち、人材から人財になる、そうした環《わ》が生まれると思っています。その目的のために私たちは様々な研修をしているわけですが、企業の成長速度と人財育成の速度のバランスをとるのは難しいもので、いろいろな面で成長機会を逃しているような気がしています。そう考えると、私や会社がやるべきことは、人が成長するための環境の整備や経営者の考えを落とし込んで、中期長期のビジョンを明確にして人財育成の速度と合わせて最近よく聞く「エンパワーメント」な組織を作ること。という結論になるわけです。

ネストでは人財の育成、成長を手助けするものとして段階別の社内研修に力を入れています。どの研修も、研修ありき、じゃなくて、〝考え方を腹落ちしてもらう〟ということが出発点にあって、手法とか考え方を変えてみよう、拡げてみようということを研修で学んでいきます。新入社員研修ではそのあとみんなで実際の現場に入ってもらって、実地で協力作業や業務にあたりながら研修の成果を導き出すということをしていますから、一言に研修と言ってもいわゆる座学に終わらないところに特徴があります。

少し話が脱線しますが、ここでもジェネレーションギャップを感じることがあります。それは私みたいに40年も前に入社したような上司・先輩にあたる人間は、今で言う研修らしい研修を受けていないわけでして、ここ10年くらいに入社してきた子たちは新人研修をちゃんと受けてきているわけですね。つまり、きちんとした研修を受けていない幹部たちにも同じ研修を受けさせないと、せっかく研修をして現場に入ってきた子たちは、研修を受けていない幹部・上司から違ったことを言われる可能性があるわけです。これでは研修の成果を100％発揮してもらうことはできませんよね。このギャップをなんとか埋めたい、ということで、一気には解消できないまでも幹部、新人とともに段階別の研修を受けてもらうことにしたのです。

もともと中途採用の多い現場でもありますから、もっと現場色の強い研修のほうが……とも考えたのですが、それよりも全社員が同じ教育カリキュラムを体験していると、仕事に対する考え方も一つに繋がり、共通用語みたいなものが増えてきて、ギャップがゼロに近づくのではないか、双方のストレスも軽減させられるのではないかという想いもありました。

またネストの研修は、トップダウン型の組織ではなく、社員みんなの意見を経営や

座学に終わらない、幅広い研修スタイル

中堅社員のボトムアップ研修の様子

商品開発に活かす「ボトムアップ型の組織」を目指すために、毎月、研修を通して議論をしています。また、先述したように主体的な社内環境の改善と作業効率化を目的として、5S活動（整理・整頓・清掃・清潔・躾）にも力を入れています。

経営理念は信念、ネスト訓は道徳

ネストでは、〝こういうことを大事にしましょう〟ということをできるだけ明文化するようにしています。そのために毎年、年始には1年間の行動指針を掲げています。

私は経営理念を大事にしています。同時に「商品作りの基本」と「ネスト訓」を掲げてそれを共通用語にしています。経営理念とか指針が多くなりすぎると、それを実行することよりも唱和することが目的のような会社もありますが、ネストではできるだけ「共通用語」にして、何かある時にはここに戻る「原点」のように考えています。

これは朝礼や定例会議、各ミーティングに限らず、研修においてもそうですが、

「〃人としての考え方のベースになる考え方〃を学ぶ場」と、毎日の業務の中で「実戦的に実践する場」があるという両輪で学ぶことが最も理にかなっていると思います。

私はものの考え方のベースになるものは、道徳だと思っています。人としてどうあるべきかということを会社全体で共有したい、そんな考えをずっと持っています。それは、会社が儲かればいいということではなく、なんでもかんでも利益を出せばいいとか、偽物を売ってでも儲かればいいとか、そんな会社ではいけないと思うのです。人

社内報では社内の様々なことを共有しています

を騙してまでいい思いをしよう、そんなのは道徳的ではありませんよね。社員たちには、そういう気持ちで仕事に臨んでほしいのです。

ネスト訓では、五常の得といって、論語を参考に〝仁、義、礼、智、信〟この5つの徳の実践を10項目にして掲げています。今から12年前の２００９年6月、脊髄の再手術のために高知の病院に入院した時、雨季の四国山脈を眺めながら、道徳の大切さを痛感し、我が社に必要な10項目としてまとめたものです。最後の項目にある「世の中の役に立つことをすること。それ以外はやらないこと」の「それ以外はやらないこと」は私の師匠から異論を唱えられましたが、どう考えても、何度考え直しても世の中の役に立つこと以外はやらないことだな！　と思うのです。これについては後の項で詳しく説明します。

ネストの次世代を担うリーダー研修「夢志の巣塾」

ここまで読むと、「根本から考え方を植え付けられそうで嫌だな」と感じる人もいるかもしれません。ですが、私が求めている研修の在り方は、いままでの考え方を変えてもらおうとか、そういうことではないのです。はじめから〝もっと良い方法はないか〟といった前向きでポジティブな考え方を持っている人には、考えを変えてもらう必要はないと思っています。

私は、〝考え方が大事ですよ、それをみんなで共有しましょう〟と伝えたいわけです。それを研修で身に付けてほしい、と。むしろいろんな人がいる中で、全員に考え方を変えてくれと言ったらおかしなことになってしまいます。また、手法やノウハウはこうだからこの通りにしなさい、というマニュアル的なことではなく、人はいかにして向上心を持つのか、という考え方を考えることが大事ですよ。何かを考えるための考え方の幅を拡げる、このことにみんなでフォーカスしましょう、ということなのです。

具体的に言いますと、研修では、いろいろと考えることを疑似体験するようなワークをします。直面する出来事・案件に対しての考え方ですね。

それから、リーダー育成の研修というと、リーダーシップとはどういうことかを含めリーダーシップの在り方、実践方法を学ぶと思うのですが、この研修ではリーダーシップを学ぶ時にフォロワーシップの大切さも一緒に学びます。〝要はリーダー一人ではリーダーになれないので、フォロワーがどうフォローするかでリーダーを支えられますし、リーダーもフォロワーに指示や情報をどうすればうまく共有できるか、それができないと混乱してしまいますよ〟というような体験ができるようなワークを通じて、リーダーとフォロワー双方に考え方の重要性を感じ取ってもらっています。同じ方向性の考え

コロナ禍で完成した研修センター「夢志の巣」

方を持つことが重要です。悪い考え方ではなく、良い考え方を共に持つことが重要なのです。

特に前者のリーダーシップとフォロワーシップについては、机上の空論で終わらないように、営業所に持ち帰ってもらい、研修で学んだことを営業所で生かすには、どういうことができるのか？　営業所が直面する問題や課題を抽出して、それをまた研修で持ち寄って話しあう、ということもしています。また後者の自分の営業所の問題点を抽出して話しあうということにつ

社員自らが考える、ネストが求める人財
～コンピテンシーづくり～

ネストが求める人財について

いては、いままではそれに対しての対症療法的なことしかできていませんでした。例えて言えば、腰が痛いところに単純に湿布を貼る、といったイメージですね。そうではなく、根本の姿勢を直すこと。対処ではなく原因を探り、いま起きている事実に対して何が原因なのかということを同じ「夢志の巣塾」の同期で話しあって、ここに原因があるんじゃないかと仮説を立て、それを営業所に持ち帰って実際に実践してみる、というような形です。

夢志の巣塾という言葉が出てきましたが、これは上級社員研修として、繁忙期を除いて月に1回のペースで行っているものです。これらのことは、夢志の巣塾の名のもとに行っていますが、実際に起きていることを教材に使っていますから、業務改善にも直結していく非常に合理的なものです。

この夢志の巣塾も6年目に入り、成果も少しずつ表れてきています。いままで周りから怖がられていた経営幹部の一人は、この研修を受けて気づかされることも多かったようです。人との接し方、話し方、など基本的なところから学んで、みんなから「〇〇さん変わった」と言われるようになったそうです。

その経営幹部曰く、「普段の行動から自分を改めるような、『あの人変わったな』と思われるような行動を自分で起こすというか、そういう自分になれたと思います。研修の中でそういう自分を発表する場があり、そこでそういう意識が根付いたのかと思います」と。

彼が話してくれた個別具体的な例も、夢志の巣塾の成果の一つだと思いますが、一歩引いた大きな視点で見ても、人として総合的に変わってきたと感じています。実はこの経営幹部こそが現在の社長である松岡賢一郎なのです。夢志の巣塾を始めて、これが一番の成果ではないかと思っています。いまの経営幹部のほとんどは、夢志の巣塾の1期または2期の卒業生です。

変化は自然の摂理

何かをしようとした時によくある議論は、できない理由を探す……例えば、なぜできないのかとか、好きだの嫌いだのとか、そういう考え方を持っている人がいると何もできないわけです。反対意見があること自体は良いのですが、ならば代案を出してください、と。単にやりたくないとか、うちの会社じゃ無理とか、やる前からできない理由を探す人ばかりになると、組織というものは本当に衰退して、腐敗していきます。

そうなると商品開発や新しいチャレンジなんてものには到底手を出せなくなり、何もできなくなるような恐怖感も何度か味わってきました。私が若い頃の話ではありますが、朝礼をやりましょうと提案したら嫌だと言われ、ドライバーミーティングをしましょうと言っても、誰も集まらない。

最初の一歩は偉大なもので、どうやったら集まってくれるかと考えているのは私だけで、みんなやりたくない人たちばかり。そうなるともう何もできないのです。だからものすごく考えるわけです。今までやらなかったことを始めようとか、今までのやり方を変えるということはものすごくエネルギーを使うのです。だから、そこに戻ってはいけないなとずっと思い続けて、30年かかって今があるのです。

ですが、実際のところは人の性《さが》として、変化を求めようと言っても変わりたくないという人が多いでしょう。例えば一国民の立場で言えば、今までの税制で今まで通りの終身雇用であってほしい、大きな変化なんていらないよと考える人のほうが圧倒的に多いと思うのですよ。

変化をするということは今の環境を捨てる覚悟で新たなチャレンジをしなければいけないわけです。今のままでいられたほうが断然ラクなわけですからね。繰り返しになりますが、こうした考え方が根強いのは偏差値教育による、一定の枠の中に納まることを良しとする考えに原因があると思っています。でもそのまま社会に出ると通用しない。〝安定を求めるとその時点で衰退がはじまる。〟昔からずっと言われていますが、日本近代経済の父と呼ばれる渋沢栄一さんの名言がありますよね。

私も過去にこんなことがありました。会社説明会に集まった就職活動中の学生さんたちを見て、当時いた古参の社員が、「彼らのような優秀な人が入社してくると、私の仕事はなくなりますね」と言ったんです。この言葉には、新卒の学生さんたちと一緒に頑張っていこうという気持ちが1ミリもなく、共に育つなんて考えは欠片もありません。これはもう目も当てられません。せっかく有能な人が入ってきても、共に頑張りましょうとならないがために、結果的にその有能な人を潰してしまうのです。そうではなくて、共に成長していきましょうという、大事なのはこれなのです。そのためにも全員で前に進める、つまりは変化に対応していける集団でありたい、と思うのです。

そういう意味で今回のコロナ禍は良いタイミングだと前向きにとらえています。世の中、変わらざるを得ない状況になったのです。好もうが好むまいが、変わるものは変わるのです。あとは変化に対応するしかないのです。

祇園精舎の鐘の声、諸行無常の響きあり。沙羅双樹の花の色、盛者必衰の理をあらはす。驕れる人も久しからず、ただ春の夜の夢のごとし。猛き者も……

世の中の役に立つことをすること

取引先を見ても、この何十年かの間でなくなってしまったところがたくさんあります。上得意だった取引先で「ここと取引をしていれば食いっぱぐれはないだろう」と思っていたところが、いまやどれくらい残っているだろうか？　ということです。いまの取引先だって、この先いつまでも、ずっといまの状態で調子よく取引してくれるという保証はどこにもないでしょう。祇園精舎の鐘の声、諸行無常の響きあり。まさに、本当にこのことです。

だから、必ずそういう時が来るでしょうし、私たちの上得意のお客様がいつまでも私たちを必要としてくださる保証も何もないのですから。もちろん、ネストも同じです。いつまでもこの状態や、いまのサービスが通用する保証はないし、必ず変化していくでしょう。だから私たちが〝役に立てること〟をするためには、どんどん考えて変わっていかないとダメだってことですね。

自分の取引先の状況を見ていて、社会や生活の構造が変わっていくことに気がつきます。いままで役に立っていたことがだんだん役に立たなくなる。というか、役割が変わっていくのを感じます。かつて私たちは収納家具を運んでいましたが、収納家具はそのうちクローゼットに代わり、食器棚もシステムキッチンに代わり、鏡台は洗面台に代わりました。家具屋さんの敵は同業他社からハウスメーカーに代わっていきました。

木工所の役割は、家具を製造するという従来のものではなくなりました。綿を運んでいた時期もありましたが、綿もいつの間にかなくなり、社会の役に立たなくなったわけではありませんが、代わるものが生まれる中で需要が失われていき、斜陽化していきました。そういったものは他にもたくさんあります。

ですから、〝役に立つ〟というのが、企業理念としては一番シンプルでわかりやすいわけです。社内ではライフサポートとも言っていますが、生活のお役立ち業をサービスとして、私たちに何ができるだろうか。それを考えていくことになります。

トラックを使った物流にこだわらず、身体を使って役に立とうとするなら、掃除ひとつでもできるだろうし、空き家の管理や、不用品をネストが仕分けまでして再利用できるものを再利用するとか、考えればいくらでも仕事はできるわけです。

どこかの取引先がひとつなくなったからといって恐れることなく、だったら新たなことに打って出よう、そして〝役に立つものを提供しよう〟と思えば、何も恐れることはないはずです。もちろんそこには会社の信用というものがなくてはなりませんが、そこをコツコツと積み上げていくことも同時にやっていかなければならないことです。

いままで、立派な会社がたくさんなくなっていきました。尊敬する経営者もたくさんおられましたが、会社を整理されたり倒産したりしました。その人たちが人としてダメだったということではなく、世の中に必要とされなくなったから会社がなくなったということだと解釈しています。ですが、そういう会社もやりようによっては富士フイルムさんのようになれたんだろうと思いますし、だからこそ、ネストもそう考えていかなければ、やれロジスティクスだ、物流だ、3PLだと言っても、それがいつまで必要とされるかはわからない、ということを認識しておかなければならないな、と思います。

ネストは、「いつでも世の中の役に立つ」という在り方が社内の合言葉になっています。もう30年ぐらい言い続けていますが、シンプルかつ純粋に、これに尽きると思うのです。

どんな些細なことでも積小為大

先述しましたが、ネスト訓の10項目の最後に「世の中の役に立つことをすること」とあるのですが、「それ以外はやらないこと」って付け加えたんですね。

これは、広島のとある専門学校の理事長に「こんなのをウチの社訓にしようと思うんです」と話したら、その理事長がそこだけにフォーカスして「お前はダメな奴だな」と言うのです。「それ以外やらないってどういうことや、世の中の役に立たなくてもやらないといけないことはたくさんある」って言われるものですから、酒の席の勢いを借りて「私はないと思いますと」と。「必要悪だったらまだ世の中の役に立つけど、世の中の役に立たないことはやらんほうがいい。少なくとも私はやりたくない!」と。屁理屈かもしれませんが、その理事長に、そう言い返したのですよ。ちょっと畏れ多いことだったのですが。

それは要するに、個と個においても、社員一人ひとりにおいても、そしてお客様一人ひとりに対しても、「役に立っているかどうか?」というのが〝存在感〟としてとても大事で、それについてどれだけ意識できるのか、ということが本質だと思っているからです。

様々な人と付きあってきた中で、いろいろと可愛がっていただいたり、もちろん口論やケンカすることもありましたけど、当てにして当てにされる関係、持ちつ持たれつという関係がありますよね。年が違い、業界が違い、性別が違っても、そんなことを差し置いてでも、いろいろなところで当てにされる存在にならなければいけない。

ネスト訓

一、いつも感謝の気持ちを持って、笑顔で、優しい言葉を使うこと
一、物事の判断は、損得ではなく、人の道として正しいかどうかで決すること
一、現状に満足しないこと!何事にも必ず「もっと良いやり方」があると考えること
一、小さな事、小さな知恵、小さな親切、小さな言葉を大切にすること
一、特別なお礼や特別な事はしないこと、日々のお礼と感謝を大切にすること
一、自分自身が成長することが社会の成長に繋がることを自覚すること
一、自分を信じることが出来れば、相手も信じることが出来ると思うこと
一、物事を始めたら成功するまでやめないこと
一、すぐ行動すること、よく確認すること、そしてよく聞くこと
一、世の中の役に立つことをすること、それ以外はやらないこと

私は物流業ですから、物流業だからこそ当てにされることにフォーカスしたい。「あいつに頼めばちゃんと運んでもらえる」というだけじゃなくて、何かが起こった時にあいつに聞けば、相談すれば、何とかできるんじゃないか。そんなふうに、いろいろな場所で当てにされることを増やしていこう、そういう自分、そういう集団でありたい。これはとても大事な在り方だと思うのです。

そして大きな組織になればなるほど、さらに役に立つわけです。「なんかネストのやつらに、ちょっと悩みを相談したらぜんぶ解決してくれるな」って、そう思われるのってかっこいいじゃないですか。

これは小さな話ですが、実例があって、ある日同業者の先輩から電話があって「金庫の鍵がなくなって開かなくなった」と私に相談してきたのです。なんで後輩の運送屋の私にこんなことを相談してくるんだろう、と思ったのですが、「お前、顔が広いから誰か知らんか、金庫破り」って言うわけですよ。それで、金庫破りというわけではないのですが、気の利く鍵屋さんを知っていましたから、連絡して、そっちへ行ってもらうよう段取りをしたんですね。それから1時間もしないうちに「金庫が開いた！」っていう連絡が来て、そんな他愛のないことなのですけどね。

でも沖縄に行っても北海道に行っても、誰かしらネットワーク、知りあいの幅をつくっておくわけですよ。ウチの妻なんかテレビを見ては「お父さん、あれ手に入る？」って試し顔で言ってくるわけです。「そんなのお易い御用で！」と言って手に入れてあげると、それは妻の役に立っているわけですよ。しょうもない話ですけどね。

でも、そんな話でも結局は、ネストに関わっていると、なんか面白いことがありそうだとか、役に立ってくれそう、頼りになってくれそう、そう思っていただければ。たとえ1件1件は些細なこと、しょうもないことであっても、役に立っていることに代わりはないわけです。その積み重ねが大事だと思うんですね。これも積小為大で、いまは無駄だと思うようなことでも、いずれ大きな花を咲かせてくれるのではないか、ささやかながらも報徳の精神でそう希望を抱いているのも確かです。

いずれ全国津々浦々にネストの支店ができれば、そのネットワークを活かして、全国的な、テレビのなんとかケンミンショーさながらのお役立ちもできたら面白いですよね。

第 5 章

世の中の役に立つ。ただ、それだけを考える企業として

上場ありきじゃない……その意図

こいつらと付き合っていると、ネストに関わっていると、なんだか面白いことがありそうだな。役に立ってくれそうだ、頼りになるな。そのように、1件1件は小さなことやしょうもないこと、あるいは一見どうでもいいように見えることであっても、周りからそう思われる存在、役に立つ存在になれれば……。まさにそれが広がっていき、張り巡らされていけば、〝巣〟という意味での〝ネスト〟が、組織ができあがっていく、そういう想いがあります。つまり、全国津々浦々に営業所なり支店ができて、張り巡らされた〝巣〟が如く、それぞれが同じ方向を向いて〝もっと良い方法はないか。〟と模索し続けていくことで、もっともっと世の中のお役に立てる企業になれる。そうすると自然と、将来の、この先のネストの姿というものを思い描いていかなくてはならないと思うのです。

こうした考えを前提とすると、ネストが成長していく過程において、また売上も拡大していくなかで、さらに会社を大きくしていくための選択肢として「上場」というチャレンジが浮かびあがってきます。ここはいま、私たち自身も強く意識していますが、周りからも意識されるものかもしれません。そしてここが報徳の精神で取り組む、積小為大のひとつのゴールではないかと感じています。

でも、そうだとしても上場することがゴールではないと思っています。たとえば上場して一段落し、そのあとは上場の維持に精一杯で株価はほとんど動かず、蠟燭の火のともしびのようになっている企業は、世の中にたくさんあります。

私は、これは本当のネストの姿ではないと考えています。本書の冒頭にも書きましたが、上場の意図のひとつとして事業承継、つまり100年後もネストが存続するための、手段としての上場なのです。

いまのまま、ネストが迫慎二のオーナー企業であり続けることとは、そこに必ず相続という問題が生じてきます。じゃあこの株を誰が引き継いでくれるのかといえば、有価証券も資産としては同じですから、お金にできないものを相続するのはなかなか難しいわけです。いまはボロ株だからたいして相続税は必要ないかもしれませんが、ここからさらに頑張って、内部留保を積めば積むだけ資産価値は上がります。そうすれば株式の譲渡や相続のハードルはどんどん高くなります。こうした点をスムーズに進めるためにも上場は良い手段だと思うのです。

かといって上場すれば安泰かといえばそうではありません。上場企業としての厳しさ、苦しみもあるわけですから、その意味でも上場ありき、ではないのです。むしろ、上場するために厳しい審査、チェックを受けるわけで、その過程で企業としての責任も実感することになり、本当の意味で世の中の役に立てる企業であったか、これからも役に立てる企業であり続けることができるのかが試され、問われる。ここが本質であり、重要なことだと思っています。世の中の役に立てない会社は上場できないと思いますし、株式を売り出すといっても売ることができないでしょう。極端な話、誰からも見向きもされなくなってしまうことだってあるでしょう。

ですからネストの上場は、ここでも〝ちょっと違う上場企業を目指す〟と理解していただいたほうがいいと思います。事業存続を切り口として、世の中の役に立つ企業としてネストを磨きあげるための上場です。

いかがでしょうか。私はそのために2028年の上場を目指したいと考えています。

やる気のある人間にはできるだけチャンスを与えたい

ネストは今後どこへ向かうのか? もちろんそれは、世の中の役に立つ企業として、もっと良い方法はないか? を追求していくわけですが、その舵取りにおいての重要な意思決定は柔軟に考えていきたい。

こういう企画を立てて、こういうチャレンジをしたい! という人財がいたら、できる限りやらせてみるべきだと思っています。「投資額もこんなに大きいし、リスクも大きいからダメだ」と言って切り捨てるのは容易いことです。ですが、自分で勝算をもって何度も何度も言ってくるような人間の企画は、それが失敗に終わったとしても、やらせてあげたほうがいい成果が得られると思います。

私自身、父の下で働いていた時、父の反対を押し切ってトラックを増やしました。それは結局、失敗に終わり、「あの時、親父の言うこと聞いていれば……」なんてことも当時は思いました。でも、トラックの台数を増やしたことで、後になってその失敗を取り返すことができ、損失を解消し更に成長することができました。だから、それはそれで良かったということなのです。もちろん他の社員やお客様のことも考えなければなりませんから、企画の内容を十分に精査した上での判断や意思決定は必要ですが。

大きな投資が必要な企画の場合は金融機関に相談することになりますが、ここは判断を間違えることが多いと思います。なぜならば、金融機関には失敗を恐れずチャンスを与える、などという考えはまったくありません。融資を回収できるかどうか、この一点だけです。だから業績が悪ければ出さないし、良ければ出す。この企画で、この返済資金を稼ぎだします、という仮説は通じません。求められるのは実績とお金、この二つだけです。だから判断を間違えます。起死回生の大勝負はここには存在しないのです。

視点を変えて、ネストの社内で言えば、私が銀行であり株主ですから、冷たいことは言わず、やる気のある人間にはチャンスを与えてあげたいと思うわけです。

〝気づき〟の多い集団へ

私はネストに、〝気づきを多く持つ集団〟になってほしいと考えています。夢志の巣塾研修もそのための研修と位置付けています。夢志の巣塾の研修をやっているから、いろいろ課題が出てくると思われるかもしれませんが、そうではありません。むしろ、それを受講するメンバーは、いままでなんとも思わなかった景色や出来事に、少しずつでも何かを感じ、気づきはじめるわけです。たとえば「そういえば最近、コミュニケーションがとれていないような気がするな」といった具合にですね。こうして初めて問題意識が生まれてくるわけです。そうした気づきの訓練が、夢志の巣塾の研修の成果だと思うのです。

ベクトルをあわせるように「考え方を変えましょう」というのは、同じ景色を見ていても、見ているものが人によって違うためです。みんなの目の前に木があって、森があって、湖があって、緑があって、遠くに山があるとします。すると、人によっては遠くの山ばかり見ていたり、人によっては足元の花ばかり見ていたり、あるいは何も感じないという人もいるわけです。

この何も感じない、というのはダメなのです。私は折に触れて、アンテナを広げて、いろいろなものに着目しよう、関心を持ちましょうと話すのですが、気づかない人はまったく気づきません。みんなでドライブに出かけても、これは大変だと感じる人もいれば、苦に感じない人もいるでしょう。しょうもないものを見て、なんとも感じない人がいる一方で、これはすごいチャンスだと思う人もいる。

では、これが気づきを多く持てる集団になった場合、どうでしょう。弊社は一見、物流業界に身を置く立場ですから、ここに則していえば、まず、業界に関係なくあらゆることを話題として発信できるようになります。これによって外部の人との会話の中で「あの人たちは視野が広い。話をすると、こちらもいろいろと興味が湧くな」と、相手に思っていただけて、すでに他とはちょっと違う企業、そしてお役に立てたりするわけです。相手に興味を持ってもらうというのはコミュニケーションの入り口ですから、その先には必要とされる人になっていくことができます。

人はそれぞれ自分の「ものさし」と「フィルター」を持っています。自分の経験や知識というものさしを当てて物事を考え、同様に自分のフィルターを通して人の話や情報をインプットします。ネストではできるだけ大きな「ものさし」と、できるだけ正確な「フィルター」を身に付けましょうと言っています。そうすることで〝ネストは気づきを多く持つ集団になる〟と思うのです。

研修の目的はここに集約されているように思います。

気づく力＝個性の発揮

気づく力が鍛えられると、そこから個性というものが生まれます。ネストは、みんなが金太郎飴みたいに同じものを見ましょう、というところは目指していません。誰かが「こういうことに気づいた」ということを持ち寄って話せば、まったく違う景色もあったのだということに、そこでまた気づくことができます。視野が変わるわけです。視野が変わるということは、世界の捉え方が変わるということ。

例えば、クレームの電話1本受けたって、それぞれに受けとめ方は違うわけで、昔だったら何かあれば怒鳴られたわけですが、今はメールが主流ですね。だから耳元で怒鳴られる代わりにメールがスーッと入ってくるわけです。そして次からは注文メールが一つも来なくなる。相手は静かに去っていくわけです。これ、怖い話ですよ。〝いまのクレームは怒鳴り声もなく静かで平和〟なので〝痛く〟ないのです。やってしまった！　という反省が少ない。だからそこで「気づく」ことが重要になるのです。いかに、気づけるか。変化に敏感にならなければ、気がついた時にはお客様はいなくなっている、なんてことになるのです。

今後、多種多様な人が出現すると思っています。それこそいろいろな意味でニュースタンダードが生まれ、私たちもそれら全てを受け入れた上で対応し、共存しなければなりません。好んでも拒んでも、これも社会の変化です。対応は必ずしなければなりません。

夢志の巣塾も始まって5年、これからさらに5年、10年と続いていけば、何に関しても気づきのある、鋭い感覚の社員が増えてくるでしょうし、そうなることを願っています。マニュアルによるクレーム対応ではなく、感性豊かな気づきの多い集団が理想です。

でも、それはそれで面倒くさいでしょうね（笑）。こんな面倒くさい人間が何人もいたら、本当に大変だろうな。でもそういう会社にこそ、人は集まると思っています。

いろいろな人間といろいろな価値観を一つの方向へ……

いろいろな人間、個性的な人間が集まってくると、そこには行動規範みたいなものが必要になってくると思います。とにかく面倒くさい人間だらけになるのですから。

そこでわたしが大事なことだと思っているのが〝道徳〟ですね。難しいことは言わないから、「仁、義、礼、智、信」、これだけは大事にしようと言っています。それを基本にしているのがネスト訓です。シンプルに言えば、「人として正しいかどうか」っていうことですね。損得ではなく、それはみんなにとって良いことなのかどうか、といったことです。それが社会の役に立つ、みんなの役に立つということであれば、全力で背中を押し、共に走る。そうした気持ちを社員には持ってもらいたいと思っています。

こうしてあと5年後、10年後、どんな会社になっているか。私も楽しみにしているところです。面白い会社になると思いますよ。こんな人間ばかりになったら。

さて、本書も終盤になってきましたが、私が、目指しているものというのは、夢とか明るい未来とか、そういう輝かしいものではないかもしれませんが、自分の亡き後に「先代の迫会長め。こんなものをつくりやがって」などとのちのち言われないようにしておきたいと思っています。それはプライベートのことから会社に関することまで。余計なものと思われるものは、私がいるうちに整理できるものを整理しておこうと思っています。終活ですね。

本書の中で何度も繰り返しお伝えしていますが、世の中は絶えず変化します。だからこそ経営理念は不変であるべきだと思います。

私もいろんなセミナーに参加して経営理念を1年ぐらいかけて考えました。しかし、結局グルッとまわって同じところに行きついたのです。〝信頼を重んじましょう〟が一番で〝共に成長しましょう、育ちましょう〟そして最後は〝社会貢献〟です。たくさん掲げても実践するのは難しい。現状の3つを掲げてすらも、解釈は人それぞれで、様々です。

理念とはそういうことなのではないかと思います。また、社是を掲げても人それぞれに解釈はいろいろで、同じ景色を見て、気づきは人それぞれであっても、向いている方向が同じであればいいのです。気づきの多き集団になるとそれらを踏まえて、言い回しを変えるとか、もっとみんなが共通の方向を向けるような表現に変えていくとか、それはこれからの課題として、みんなで考えて変更していけばいいのではないかと思っています。

可能性は、誰にでも等しく、そして無限大

本書の読者には、学生さん、同業・異業種の経営者さん、起業しようと考えている方など、いろいろな立場の方がおられると思いますが、そういった方にとって、可能性は誰にでも平等に無限大にあると思います。生い立ちがどうとか、いまがどうとか、そういうことはあまり考えずに、もっともっと夢と志を持って生きてください、と言わせてください。ありきたりかもしれませんが、私がいつも思っていることで、求められれば必ずお伝えしたいメッセージなのです。夢なき者に成功なし！　ですね。

だから、そういう意味で型にはめて考えずに、零細企業や中小企業が上場したいとか、自分の子どもがプロ野球選手になりたいという夢を持っているなら、応援してあげたらいいじゃないですか。志を持つことは大切なことなんですから。というのが私の考えです。

クルーザーで事故を起こした時、太平洋上でぷかぷか浮いて救助を待っているとき

に、三途の川を見ました。幻だったのかもしれませんが幽体離脱も経験しました。そして病院に担ぎ込まれた先で、「一生寝たきりですよ」と言われても、自分だけは歩けるようになると思ったのです。なんの確信もなく1％の可能性でも自分はその100人の1人だと思っていました。その時、無理だと思っていたら、たぶん歩く練習ではなく、車椅子に慣れる練習をしていました。実際に医師からも自宅をバリアフリーに改装するように勧められた程です。私に志がなかったら180度違う人生だったでしょう。

それまでの私は、人生についても偏差値教育的に〝この枠〟のなかにいればいいと思っていた節は少なからずあったし、企業経営者としてもこれぐらいやれば十分かな、という意味での平均点を取りにいっていたところがあったのです。

でもあの事故で、歩けなくなる、寝たきりになるかもしれないという、という状況になって、1％でも可能性があるならそれに賭けよう、と開眼しました。そして経営者としても考え方が大きく変わり、次の目標を具体的にして30億、50億、100億を目指して成長させよう。それを達成したら300億、500億、1000億を目指し、その次は……と考えるようにしました。自分で枠をつくらないことが大切です。もう一度言いますが、生い立ちや置かれた環境とか、そういったことで負い目を感じるなんて、そういったことは考えてはいけません。それは余計なことです。みんな一緒。むしろ、ハンディキャップがある人のほうが強い。私もそうですから。私たちは、誰でも等しく可能性は無限大にありますよ。それに尽きるのです。

おわりに

祇園精舎の鐘の声、諸行無常の響きあり……

『平家物語』はこうして始まります。

「平家にあらずんば人にあらず」。圧倒的な軍事力と経済力で、それほどまでに繁栄をほしいままにした清盛の平家一門もあっけなく壇ノ浦の藻屑と消えます。鴨長明の『方丈記』にも「ゆく河の流れは絶えずして、しかももとの水にあらず」、これも世の中の無常を表しています。

今日まで私は、この〝無常〟の意味するところをことあるごとに考え、噛みしめてきました。いま、目の前にある出来事、結果、そして喜びや悲しみ、諸々すべては変わりゆくもので、一つとして変わらず同じでいられるものはありません。今は調子が良くても、ことがうまく運んでいても、明日はどうなるのか、これから先も大丈夫か？　その保証は全くありません。オリンピックの東京誘致が決まった時、今回のようなコロナ禍での開催を誰が想像できたでしょうか？　少なくとも私は想像できませんでした。

一寸先は闇、まして何年も先のことは誰にもわかりません。さらに足元の景色はどんどん変わって行きます。何もしないでいれば、世の中からフェードアウトしていくしか、選択肢はありません。


また、ここ数十年における技術革新・イノベーションは、川の流れ、つまり世の中の流れを加速させています。世の中の〝無常〟は現実味を帯び、川の流れの如く変化する世の中の動きに気づかずにいると、あっという間に今の仕事や繁栄を失ってしまいます。この業界に入ってからいままで、流れに乗れず、飲み込まれて消えていった企業をたくさん見てきました。

振り返れば私は、それらを見ながら、自分たちのできること、やるべきことを見つけ、それをコツコツ積み上げて、会社を成長させていこう。そう思う中で、リハビリで体験した「積小為大」の大切さを、折に触れて何度も実感してきました。そしてその先にあること、つまりいかにして〝世の中の役に立つか〟ということを追い求めるようになりました。

〝世の中の役に立つ、お客様やお取引先の役に立つ〟、これがネストにおける、変化についていくための目標であり、そのために、「もっと良い方法はないか。」を絶えず考え続けていきます。そしてその先にある物流業や運送屋という〝枠〟にとらわれない、〝ちょっと違う運送屋、ちょっと違う人間の集団〟として、ネストロジスティクスが成長する姿を、私は見ています。


振り返れば、若くして経営者として目覚めさせていただき、多くの先輩方からの指導を仰ぎ、30歳で大病を煩い、何度も経営難に陥り、有頂天になると天罰が下り、家族のありがたみを教えられました。さらに九死に一生を得た海難事故の体験から多くのことを学びました。波乱万丈！　そこから1％でも可能性がある限り、それに賭けることが重要であることを認識できたからこそ、いまの自分がある、と思っています。

半身不随になってもおかしくない状況から、歩けるようになり、ゴルフもできるようになり、そしてまた会社経営もできるまでになりました。

幸いにも、私は平家のように海の藻屑になることもなく、1％の確率をものにして生き残り、回復することができたのです。

どんな困難にあっても、僅か1％でも可能性がある限り、歩みは遅くても果敢にチャレンジし、ひたすら前を向いていくべきです。なぜなら可能性は誰にでも無限大にあるのだから。こう思うこと、思えることがほんとうに重要で、これからもそういう気持ちを共有できる社員たち、そして若者たちと一緒に仕事をしていけることを願い、それを楽しみにしています。

いつでもどこでも、明けても暮れても「もっと良い方法はないか。」と。

迫　慎二

【著者略歴】

迫　慎二（さこ・しんじ）

株式会社ネストロジスティクス代表取締役会長

1963年、広島県生まれ。1983年に上村運送有限会社（現・株式会社ネストロジスティクス）入社。1991年、株式会社ネストを設立。2001年、株式会社ネストロジスティクス代表取締役に就任、現在に至る。

時代の変化と共に成長し続ける実践的な経営哲学「もっと良い方法はないか。」を掲げながら、「いつでもみんなの役に立つ」ことを信条として、常識に縛られない物流ソリューションの提供に尽力している。

1997年『日本ローカルネットワークシステム協同組合連合会』に加入。2001年より同協同組合の理事、中国・四国地域本部本部長、副会長を経て、2017年、会長に就任。

2014年『公益財団法人 広島県トラック協会 広島支部』支部長に就任。2021年より同協会の副会長を務める。

2012年、中国運輸局広島運輸支局長表彰を受賞。

株式会社ネストロジスティクス（本社公式ウェブサイト）
https://nest-logi.co.jp/

NEST Official Channel（Youtube）
https://recruit.nest-logi.co.jp/youtube/

もっと良《よ》い方《ほう》法《ほう》はないか。

2021年10月21日　初版発行

発行　**株式会社クロスメディア・パブリッシング**

発行者　小早川幸一郎

〒151-0051　東京都渋谷区千駄ヶ谷4-20-3 東栄神宮外苑ビル

https://www.cm-publishing.co.jp

■本の内容に関するお問い合わせ先 …………………… TEL (03)5413-3140／FAX (03)5413-3141

発売　**株式会社インプレス**

〒101-0051　東京都千代田区神田神保町一丁目105番地

■乱丁本・落丁本などのお問い合わせ先 ……………… TEL (03)6837-5016／FAX (03)6837-5023

service@impress.co.jp

（受付時間　10:00～12:00、13:00～17:00　土日・祝日を除く）

※古書店で購入されたものについてはお取り替えできません

■書店／販売店のご注文窓口

株式会社インプレス　受注センター ……………………… TEL (048)449-8040／FAX (048)449-8041

株式会社インプレス　出版営業部 ………………………………………………………… TEL (03)6837-4635

カバーデザイン　城匡史（cmD）　　本文デザイン・DTP　荒好見

印刷・製本　株式会社シナノ　　ISBN 978-4-295-40612-9 C2034